EVANGELISMO COTIDIANO

GANEMOS LOS CORAZONES, NO LAS DISCUSIONES

PRESTON PERRY

Lifeway Recursos® • Brentwood, Tennessee

LIFEWAY RECURSOS EQUIPO EDITORIAL

Giancarlo Montemayor
Vicepresidente, Lifeway Global

Carlos Astorga
Director editorial

Jeslys Castro
Coordinadora editorial

Denisse Manchego
Asistente editorial

Xiomara Pedrahita
Revisión de contenido

Andrea Nulchis
Diseño de portada en español

Grupo Scribere
Traducción, edición y adaptación del diseño en español

Evangelismo cotidiano
Publicado por B&H Español® • © 2025 Lifeway Recursos®

ISBN 9798384533160
Ítem 005852749
Clasificación decimal Dewey: 269.2
Clasifíquese: OBRA DE EVANGELIZACIÓN / EVANGELIO / TESTIMONIO

Para pedir copias adicionales de este recurso, llame al 1 (800) 257-7744, visite nuestra página, www.lifeway.com o envíe un correo electrónico a recursos@lifeway.com. También puede adquirirlo o solicitarlo en su librería cristiana favorita.

Impreso en Estados Unidos

Publicación de Lifeway Recursos
200 Powell Place, Suite 100
Brentwood, TN 37027-7707

Contenido

Preston Perry

Preston Perry es un escritor, conductor de pódcast, poeta, artista, maestro y apologeta de Chicago. Por la gracia de Dios, ha llegado a ser un comunicador formidable del evangelio. Su amor por las personas lo inspira a combinar la transparencia, la vulnerabilidad y la creatividad a fin de promover la libertad. Preston busca interactuar con personas de diferentes contextos de fe; siente una pasión palpable por la Palabra de Dios y se basa en la verdad bíblica, pero también estudia otras religiones. Sus escritos y sus enseñanzas se han publicado en plataformas de ministerios como Coalición por el Evangelio, Desiring God, Poets in Autumn Tour y Legacy Disciple. En 2017, fundó Bold TV y Bold Apparel, pensados como vías para atraer público al diálogo teológico. En este momento, Preston conduce el pódcast *With the Perrys* [Con los Perry] con su esposa, Jackie Hill Perry. Si bien comunica de manera pública la voluntad de Dios para la humanidad, considera que su principal ministerio es su familia. Actualmente vive en Atlanta con su esposa, sus tres hijas y su hijo.

Cómo utilizar este estudio bíblico

Este estudio bíblico proporciona un proceso guiado para ayudar a personas y grupos pequeños a cumplir con el llamado al evangelismo. Son seis semanas que ofrecen un panorama bíblico y orientación práctica a fin de preparar a los creyentes para evangelizar con eficacia. En el estudio, conoceremos la actitud del corazón, los principios y la apologética necesarios para ganar corazones para Cristo.

ESTUDIO GRUPAL

Más allá del día de la semana en que se reúna el grupo, cada sesión comienza con la sesión grupal. Todas las sesiones grupales tienen el formato a continuación (Comencemos, Miremos el video, etc.) para facilitar interacciones sencillas pero valiosas entre los participantes y con la Palabra de Dios.

COMENCEMOS

La sesión grupal comienza con algunas preguntas pensadas para ayudar a presentar el tema del día y alentar a todos a participar.

MIREMOS EL VIDEO

En esta página se brinda espacio para tomar notas de las enseñanzas del video. Con la compra de este libro se incluyen los códigos de acceso a los videos. Los códigos están en el encarte ubicado al final del libro.

CONVERSEMOS

Esta sección es la parte principal de la sesión grupal. Las preguntas elegidas están pensadas para facilitar la conversación grupal sobre el tema de la sesión. La meta es ayudarte a comprender mejor la perspectiva que tiene Dios del evangelismo y aplicar las enseñanzas bíblicas en tu vida.

ESTUDIO PERSONAL

Los tiempos de estudio grupal y personal se combinan para ayudarte a entender mejor el tema de cada sesión. Después de cada sesión grupal, hay dos días de estudio personal más un ejercicio de evangelización para ayudarte a aplicar las enseñanzas de la semana. A través de las enseñanzas bíblicas y las preguntas que fomentan la introspección, estas sesiones impulsan a las personas a crecer en el entendimiento de la Palabra de Dios y responder con fe y obediencia.

Consejos para líderes de grupos pequeños

Sigue estas pautas para prepararte para cada sesión grupal.

PREPÁRATE Y ORA

Repasa con antelación el material y las preguntas de la semana. Dedica tiempo para orar por cada integrante del grupo. Pídele al Espíritu Santo que obre a través de ti y de la conversación cuando guíes al grupo a Jesús cada semana por medio de la Palabra de Dios.

REDUCE LAS DISTRACCIONES

Prepara un ambiente agradable. Si los participantes están incómodos, se van a distraer y, por ende, no se van a concentrar en la experiencia grupal. Planea con antelación cuestiones como los asientos, la temperatura, la iluminación, los alimentos, las bebidas, los ruidos y la limpieza general.

La meta es que la dedicación y la hospitalidad transmitan a los participantes que son bienvenidos y valorados, más allá del entorno elegido para la reunión. En el caso de que la gente ni se percate de tu esfuerzo, al menos no sufrirán distracciones. Haz todo lo posible por ayudar a la gente a concentrarse en lo más importante: conectarse con Dios, con la Biblia y con los demás participantes.

INCLUYE A TODOS

El objetivo es formar una comunidad donde todos se sientan bienvenidos tal como son, pero se los aliente a crecer espiritualmente. Mantente siempre atento a las oportunidades de hacerles sentir incluidas a las personas que estén de visita en la sesión, o de invitar a otras personas. Una manera económica de hacer sentir cómodas a las visitas o de invitar a alguien es entregarles un ejemplar de este libro.

FOMENTA LA CONVERSACIÓN

Una buena experiencia grupal tiene las siguientes características.

PARTICIPAN TODOS. Alienta a todos a preguntar, responder o leer en voz alta.

NADIE ACAPARA LA CONVERSACIÓN, NI SIQUIERA EL LÍDER. Tu tiempo de exposición como líder debe durar menos de la mitad del tiempo de la sesión grupal. Si alguien predomina, reorienta con educación el diálogo.

NO SE APRESURA A NADIE A RESPONDER LAS PREGUNTAS. No pienses que el silencio es malo. La gente a veces necesita tiempo para pensar cómo responder una pregunta que acaba de escuchar o para animarse a compartir lo que Dios puso en su corazón.

LAS INTERVENCIONES SE VALORAN Y SE APROVECHAN PARA CONTINUAR CON LA CONVERSACIÓN. Recuerda destacar algo verdadero o positivo de cada respuesta. No continúes sin hacerlo. Construye un vínculo grupal mediante preguntas relacionadas con la respuesta anterior. Por ejemplo, pregunta si otras personas han vivido situaciones similares, o si una verdad mencionada ha ayudado a entender mejor a Dios y el pasaje bíblico estudiado. La gente tiende a participar menos si piensa que no quieres escuchar sus respuestas o que estás buscando solo una respuesta determinada.

LO CENTRAL ES DIOS Y SU PALABRA. Las opiniones y las experiencias pueden ser útiles, pero es Dios quien obra en la vida de las personas. Tú no puedes cambiar a nadie, pero Dios sí. Guía continuamente a la Palabra y a pasos de fe concretos.

NO PIERDAN EL CONTACTO

Piensa en maneras de comunicarte con los participantes durante la semana. La participación en las sesiones grupales siempre es mejor cuando la gente se sigue comunicando en otros contextos. Cuanto más cómodos y más parte de la vida de los demás se sientan los participantes, más anhelarán el momento de reunirse. Cuando pasan de llevarse bien a ser de verdad amigos que conforman una comunidad, asisten a las reuniones con ganas de interactuar y no solo recibir. De ser posible, a fin de forjar amistades más profundas, planifica o realiza de manera espontánea reuniones fuera de la sesión para comer, divertirse o hacer otra cosa en tu hogar, tu iglesia o la comunidad.

Semana 1

Evangelista cotidiano

Estudio grupal

COMENCEMOS

Bienvenido a la primera semana de Evangelismo cotidiano.

¿Qué te viene a la mente al escuchar la palabra *evangelismo*?

Si estás siguiendo a Jesús, ¿cómo te convertiste en Su seguidor? Tómate un momento para presentarle tu testimonio al grupo.

¿Por qué deberíamos hablarles a otros de nuestra fe en Jesús?

A la mayoría de los cristianos nos cuesta hablar de nuestra fe. Nos ponemos nerviosos y es como si nos cosieran la boca. Nos preocupa quedarnos paralizados. Tenemos miedo de no saber qué decir, en especial si alguien comienza a discutir con nosotros. Si no somos cuidadosos, esas dudas nos impedirán cumplir el importante encargo que nos dejó Dios.

Debemos mirar el evangelismo de otra manera. Para eso, primero tenemos que recordar que Dios nos llamó a ser evangelistas. Si estamos dispuestos a aceptar ese llamado, Él está más que dispuesto a equiparnos por medio del Espíritu Santo para que presentemos el evangelio a toda persona con la que nos crucemos. Si estás dispuesto a que Dios te use, Él te va a usar. Este estudio bíblico se pensó para ayudarte a disfrutar de esa verdad y equiparte con herramientas prácticas para que seas el evangelista cotidiano que Dios te llamó a ser.

Comienza este estudio bíblico orando, pidiéndole a Dios que te dé pasión y valentía para disfrutar de este llamado a ser evangelista.

MIREMOS EL VIDEO

Usa esta página para tomar notas mientras miras el video de la primera sesión.

Para acceder a las sesiones de enseñanza,
sigue las instrucciones ubicadas al
final del libro del estudio bíblico.

CONVERSEMOS

Utiliza esta página para guiar la conversación grupal.

Todos los cristianos somos evangelistas. El término *evangelista* proviene de una palabra griega que significa «el que lleva buenas noticias». Lo que Jesús ha hecho por nosotros es una buena noticia y deberíamos querer que todos estén enterados. Además, si Jesús nos mandó a hacer algo, nos dará la gracia para que lo hagamos confiados. El Dios que nos trajo la buena noticia nos acompañará cuando la comuniquemos. En este estudio bíblico, aprenderemos a comunicar nuestra fe donde Dios nos haya colocado: para ganar corazones tal como Dios ganó el nuestro.

Lee Mateo 28:18-20.

1. **Estos versículos se conocen como la Gran Comisión. ¿Qué les encargó Jesús a Sus discípulos? ¿Qué les prometió para alentarlos mientras los enviaba (v. 20)? ¿Esa promesa sigue siendo verdad hoy para nosotros? ¿De qué manera?**

2. **En el pasado, ¿qué te ha impedido ser evangelista?**

3. **¿Tienes relación con personas de cosmovisiones diferentes a la tuya? ¿Qué creen ellos?**

Gran parte de lo que nos impide ser evangelistas es la carga pesada que nos ponemos nosotros mismos. Sentimos como si la salvación de las personas dependiera de esa conversación que tengamos con ellos. A fin de cuentas, la salvación es del Señor, y en la mayoría de los casos Dios usa a varias personas que plantan y riegan para que ese corazón se abra a Él. En general, para que alguien llegue a creer en Cristo hacen falta tiempo, varias conversaciones y oración. Cuando le presentemos el evangelio a alguien, la conversación nunca será en vano, aunque la persona no reciba a Jesús en ese momento. Podemos confiar en la obra del Espíritu en su vida.

Lee 1 Corintios 3:5-9.

4. **¿Qué revelan estos versículos sobre el proceso de Dios para que la gente empiece a creer en Jesús?**

5. **A la hora del evangelismo, la única responsabilidad que tienes es plantar la semilla. Es Dios quien da el crecimiento. ¿Cómo afecta esta verdad tu perspectiva de la tarea de presentar el evangelio?**

6. **Vuelve a leer el versículo 9. ¿A qué se refiere Pablo cuando nos llama «colaboradores de Dios»? ¿De qué maneras las personas a las que presentamos el evangelio son «labranza de Dios, edificio de Dios»?**

Si dudas de si vas a encontrar las palabras justas cuando quieras presentar el evangelio, recuerda que no estarás solo. El Espíritu Santo tiene todo lo que necesitas para la tarea. Si comunicas con obediencia el evangelio, Él te va a equipar. La Gran Comisión no depende de tu destreza comunicativa, sino del poder de Dios en ti. Si das el paso de fe, Dios te dará las palabras, la valentía y la sabiduría que necesitas para comunicar la buena noticia con eficacia.

Lee 1 Corintios 2:1-5.

7. **¿Cómo equipa el Espíritu Santo a los creyentes para el evangelismo?**

8. **¿Cómo crees que es asociarse con el Espíritu Santo a la hora del evangelismo?**

9. **¿Te sientes cómodo con la idea de presentarle el evangelio a alguien? ¿Por qué?**

Espero que la enseñanza y la conversación de hoy te generen un mayor deseo de presentar el evangelio a tu entorno. Si te quedan dudas, no te preocupes: ¡recién comenzamos! A medida que avances con las sesiones de estudio personal y los diálogos grupales, y sigas dependiendo del Espíritu Santo a lo largo del proceso, empezarás a ganar confianza. ¡Dios hará grandes cosas a través de tu obediencia!

Usen este tiempo para orar los unos por los otros a modo de cierre de la reunión.

PEDIDOS DE ORACIÓN

WHO THE SON
SETS FREE

«Y Jesús se acercó y les habló
diciendo: Toda potestad me es
dada en el cielo y en la tierra. Por
tanto, id, y haced discípulos a
todas las naciones, bautizándolos
en el nombre del Padre, y del Hijo,
y del Espíritu Santo; enseñándoles
que guarden todas las cosas
que os he mandado; y he aquí
yo estoy con vosotros todos los
días, hasta el fin del mundo».

MATEO 28:18-20

Semana 1 Evangelista cotidiano

ESTUDIO PERSONAL 1

Un encargo

Cada uno de los salvados por gracia tenemos una historia. Dios usa a Su Espíritu, Su verdad y a Sus siervos para invitar a la gente a creer en Cristo. En el caso de Preston, Dios usó experiencias de vida difíciles y la fidelidad de personas comunes, como su tía Denise y su amigo Gary, para abrir su corazón al evangelio. Si bien Preston no respondió de inmediato, las semillas que plantaron y regaron Denise y Gary finalmente dieron fruto. Dios usó Su fidelidad para darle a Preston el evangelio, y esto le cambió la vida por completo.

Tómate un momento para escribir tu historia. ¿Cómo ganó Dios tu corazón? ¿Qué personas o verdades usó Él para atraerte?

Si hay personas específicas que han tenido un papel importante en tu camino hacia la fe en Jesús, anota sus nombres aquí debajo. ¿De qué manera te ayudaron a apreciar la verdad del evangelio de Jesús?

Todos los seguidores de Cristo somos evangelistas. Cada santo tiene todo lo que necesita para llevar el evangelio a su comunidad. Dios utiliza a todos los cristianos fieles enviándolos al mundo a anunciar que eran ciegos pero ahora ven, y que todo ciego puede ver con tan solo arrepentirse y creer. Dios no nos usa por lo que somos, sino a pesar de lo que somos.

Lee 1 Corintios 1:26-29:

Pues mirad, hermanos, vuestra vocación, que no sois muchos sabios según la carne, ni muchos poderosos, ni muchos nobles; sino que lo necio del mundo escogió Dios, para avergonzar a los sabios; y lo débil del mundo escogió Dios, para avergonzar a lo fuerte; y lo vil del mundo y lo menospreciado escogió Dios, y lo que no es, para deshacer lo que es, a fin de que nadie se jacte en su presencia.

¿Te sientes tentado a considerarte no preparado para evangelizar? ¿Por qué?

¿Qué califica a alguien para anunciar el evangelio?

Si piensas en la gente que mencionaste que te ayudó en el camino hacia la fe en Jesús, ¿qué los calificó para presentarte el evangelio?

Dios puede y quiere usarnos a cada uno para anunciar el evangelio. No necesitamos un estatus, nivel educativo, talento o dinero para ser dignos de ese llamado. Llevamos dentro de nosotros un poder extraordinario en el Espíritu de Dios (2 Corintios 4:7). El evangelismo consiste mucho más en lo que Él hace a través de nosotros que en lo que hacemos nosotros. Dios usa nuestra sencilla obediencia para sembrar y cultivar las semillas del evangelio. El fruto proviene del Espíritu.

Lo único que necesitamos para ser evangelistas es la obra del Espíritu y el encargo de Cristo. Él te ha hecho un encargo, el mismo que les hizo a los primeros discípulos.

Lee Mateo 28:16-20.

Fíjate que algunos discípulos aún dudaban de la resurrección de Jesús. ¿Por qué les costaba creer?

Ante esas dudas, ¿qué anunció Jesús en el versículo 18?

Jesús nos encarga que hagamos discípulos en todas las naciones, lo cual significa que hallaremos gente de diferentes creencias y cosmovisiones. ¿Qué confianza te da la autoridad de Jesús para afrontar esas situaciones que podrían ser complejas?

¿Te son de aliento las palabras de Jesús del versículo 20? ¿Por qué?

El que tiene «toda potestad» (v. 18) está con nosotros «todos los días» (v. 20). Esta es la verdad a la que debemos aferrarnos al salir con el evangelio: el que nos llama nos protege cuando salimos de nuestra comodidad para obedecer Su encargo.

Lee Filipenses 2:5-11.

¿Qué significa que Jesús tiene «un nombre que es sobre todo nombre»?

¿Por qué Su potestad es parte obligatoria de nuestra tarea de evangelización?

Por la humildad, la obediencia y el sacrificio perfecto de Jesús por nuestros pecados, Dios le ha otorgado a Él potestad absoluta sobre todo. Por ende, Jesús no solo tiene derecho a dar órdenes, sino que también tiene el poder para garantizar el cumplimiento de Sus órdenes. No hay nada que pueda enfrentarse al nombre de Jesús. No hay persona, argumento, cosmovisión ni poder capaz de frustrar Sus propósitos.

Con la máxima autoridad, nos ha encargado ir a hacer discípulos en todas las naciones. Como tiene esa autoridad, lo respetamos y le obedecemos. Como nos ha equipado con Su autoridad, con Su Espíritu que vive en nosotros, podemos llevar a cabo seguros la misión. Ese es el pilar inconmovible sobre el que podemos construir una vida de evangelismo, para la gloria de Dios.

ESTUDIO PERSONAL 2

La apologética

Algo que hace vacilar a los creyentes es la preocupación de no poder responder todas las preguntas que les hagan al presentar el evangelio. Muchos temen que las conversaciones de evangelización deriven en discusiones que no puedan «ganar». Sin embargo, la meta del evangelismo es ganar los corazones, no las discusiones. Para tener conversaciones productivas sobre el evangelio, primero debemos cultivar un deseo de que la gente crea en Jesús, y ese deseo debe ser superior al deseo de tener razón o de demostrar que uno está en lo cierto.

Por supuesto, muchas conversaciones sobre el evangelio llevan a hablar de las creencias más profundas. Es inevitable hallar personas de creencias y cosmovisiones diferentes. Si bien siempre debemos concentrarnos en ganar los corazones, hay que estar preparados para defender nuestra fe, lo cual nos lleva a la apologética.

¿Te sientes equipado para conversar sobre las doctrinas básicas del cristianismo? ¿Por qué?

Al ver el término *apologética*, quizás pienses en clases de seminario o debates académicos. Tal vez creas que sin una maestría en teología no puedes emplear la apologética con eficacia. Sin embargo, para defender la fe, no hacen falta amplios conocimientos teológicos ni ser un erudito. La apologética consiste ante todo en amar al Señor y estar dispuesto a hablar sobre Él.

Lee 1 Pedro 3:13-17.

¿Qué dice Pedro en estos versículos? Exprésalo con tus palabras.

¿Qué contraste hay entre el tono de estos versículos y el tono que suele asociarse con «defender la fe»?

En este pasaje, Pedro da instrucciones vitales relativas a nuestra actitud al presentar el evangelio. La manera en que hablamos de nuestra fe es importante. La manera en que la otra persona *se siente* durante la conversación es importante. En esas interacciones, nuestra actitud puede motivar a la gente a conocer más sobre Jesús o puede alejarla de Él.

Según 1 Pedro 3:15, ¿qué debería caracterizar nuestras conversaciones sobre la fe?

Cuando la gente presenta objeciones, ¿sueles responder con mansedumbre y respeto o te pones a la defensiva? ¿Por qué?

Podemos defender nuestra fe sin ponernos a la defensiva. La clave es prepararse. Si confiamos en nuestra capacidad para hablar sobre nuestra fe, podremos mantener la calma ante la oposición. Veamos los tipos de resistencia que podrías hallar al presentar el evangelio.

Piensa en las personas de tu entorno que no conocen a Jesús. ¿Cuál es su cosmovisión? ¿Qué piensan de Dios?

¿Cuáles son las ideas equivocadas más comunes sobre el cristianismo?

¿Cómo responderías si alguien mencionara esas ideas equivocadas en una conversación?

Cuanta más curiosidad tengamos y cuanto más queramos comprender lo que cree la gente de nuestro entorno, mejor podremos interactuar con ellos en relación con la fe. Si sientes que Dios te está llamando a hablar con la familia musulmana de tu cuadra, vendría bien que te familiarices con el Corán y los cinco pilares del Islam. No hace falta que sepas todo; con conocer los aspectos clave, podrás conversar teniendo en cuenta los conflictos entre sus creencias y el cristianismo, tras estudiar los pasajes de la Escritura donde se tratan esos temas.

Este tipo de preparación te permite interactuar con los vecinos sin la incertidumbre de la dirección que tomará el diálogo. Así, cuando te sientas listo para defender la fe en caso de que surja la necesidad, te será más fácil reflejar mansedumbre y respeto. Considera las interacciones de Jesús con quienes no lo conocían. Nunca infló el pecho ni se peleó con quienes estaban en desacuerdo. Simplemente presentó la verdad con convicción y compasión, y Su mansedumbre guio a la gente al arrepentimiento.

Dios llamó al apóstol Pablo, antes fervoroso fariseo, para anunciar el evangelio al mundo gentil. Pablo se enfrentó a culturas extranjeras e interactuó con todo tipo de personas de diferentes costumbres, y siempre se mantuvo enfocado en la misión de que la gente creyera en Jesús. Lee sus palabras de 1 Corintios:

> *A los judíos me hice como judío, para poder ganar a los judíos. A los que están bajo la ley, como bajo la ley, aunque yo no estoy bajo la ley, para poder ganar a los que están bajo la ley. A los que están sin ley, como sin ley, aunque no estoy sin la ley de Dios, sino bajo la ley de Cristo, para poder ganar a los que están sin ley. A los débiles me hice débil, para ganar a los débiles. A todos me he hecho todo, para que por todos los medios salve a algunos.*
> **1 CORINTIOS 9:20-22, NBLA**

«Por todos los medios». Pablo, un auténtico evangelista, siempre buscaba la manera de generar una relación con las personas, a fin de tener conversaciones sinceras que le permitieran presentar la verdad sobre Jesús. Se interesaba de verdad en la gente y sus creencias. Para a todos hacerse todo, hay que tratar de conocer a la gente.

¿Qué creencias o cosmovisiones tienen las personas de tu entorno? ¿Cómo podrías informarte sobre esas perspectivas a fin de prepararte para las conversaciones con vecinos y compañeros de trabajo?

¿Qué aspectos del cristianismo piensas que necesitas comprender mejor para defender tu fe?

ESTUDIO PERSONAL 3

Ejercicio de evangelización

A lo largo de esta primera sesión, has dedicado tiempo a reflexionar sobre tu testimonio. Nuestras historias son herramientas potentes para el evangelismo porque describen nuestra experiencia con Jesús y reflejan cómo nos ha cambiado la vida. Los testimonios ayudan porque se pueden contar fácilmente a las personas de otras cosmovisiones y porque no se pueden discutir, ya que son nuestra experiencia, nuestra historia de vida. Presentar nuestro testimonio es una manera excelente de iniciar una conversación de evangelización con un extraño o con un conocido. Una forma de comenzar es hablar sobre la bendición que ha sido para tu vida tener una relación con Jesús.

Por ejemplo, quizás tengas un amigo que atraviesa un momento difícil por una muerte repentina de un familiar. Tal vez no estés seguro de si tu amigo sigue a Cristo, pero puedes aprovechar la oportunidad para explicarle que una bendición de una relación con Jesús es que Él está cerca del quebrantado de corazón y da consuelo sobrenatural en tiempos de necesidad (Salmo 34:18).

¿De qué maneras te ha bendecido tu relación con Jesús? ¿Cómo puedes usar esas experiencias para iniciar conversaciones de evangelización? Las siguientes preguntas te ayudarán a pensar en disparadores para esas conversaciones.

Mientras leas estas preguntas, piensa en una persona que conozcas, pero de la que no conoces sus creencias sobre lo espiritual. Arma tus respuestas como si estuvieras compartiendo el evangelio con ella.

¿Qué aspecto de tu vida se ha visto más beneficiado por Jesús?

¿Qué estás aprendiendo sobre Jesús?

¿Qué luchas has experimentado en tu vida espiritual?

¿Cuál es el efecto más sorprendente que ha tenido Jesús en tu vida?

¿A quiénes te está trayendo Dios a la mente para tener estas conversaciones? Confía en la orientación del Espíritu de Dios. Anota a continuación sus nombres y una oración por ellos. Incluye en esa oración el pedido a Dios de que te otorgue la valentía y una oportunidad para hablar con ellos sobre Jesús.

Semana 2

Ama de verdad

Estudio grupal

COMENCEMOS

Bienvenido a la segunda semana de Evangelismo cotidiano.

Entre la última sesión y esta, estudiaste en mayor profundidad el evangelismo y la apologética. ¿Cuál fue la conclusión más importante que te quedó de tu estudio personal de esta semana?

¿Qué preguntas surgieron?

En la primera semana, comenzamos a aprender sobre el evangelismo (hablar con otros sobre tu fe) y la apologética (defender tu fe ante las preguntas de otros), pero es importante recordar que apenas estamos comenzando. La meta al avanzar con el estudio bíblico es normalizar estos conceptos que suelen complicarse sin necesidad.

De todos modos, al prepararte para presentar el evangelio, también debes considerar el estado de tu corazón. ¿Cuál es tu motivación para el evangelismo y la apologética? ¿Una parte de ti quiere parecer inteligente o que te admiren?

¿Cuáles son las metas del evangelismo y la apologética?

Esta semana, vamos a colocar los pilares para poder presentar el evangelio con el fin de amar y honrar a Dios y a la gente. El evangelismo nunca puede centrarse en uno mismo. De ser así, será totalmente ineficaz.

La única manera de presentar el evangelio es si la persona está dispuesta a escucharnos, y la persona nos escuchará únicamente si considera que la queremos. Recuerda, Jesús no se limitó a comunicar verdades. Él interactuó con la gente. Hizo preguntas. Narró historias. Les dedicó tiempo a las personas y las hizo sentir consideradas y valoradas. Las amó de verdad. Si de verdad queremos llegar a la gente y ganar los corazones para el Señor, tenemos que amar como amó Jesús.

Ora pidiéndole a Dios que te ayude a ver a la gente como la ve Él.

MIREMOS EL VIDEO

Usa esta página para tomar notas mientras miras el video de la segunda sesión.

Para acceder a las sesiones de enseñanza,
sigue las instrucciones ubicadas al
final del libro del estudio bíblico.

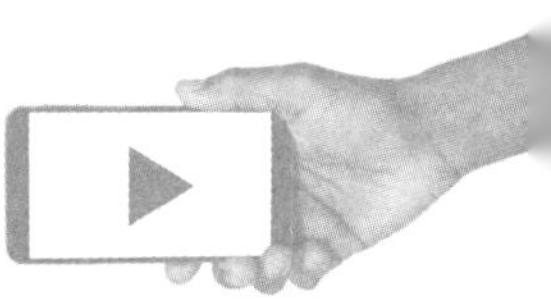

CONVERSEMOS

Utiliza esta página para guiar la conversación grupal.

En Juan 2:25 leemos que Jesús «no tenía necesidad de que nadie le diese testimonio del hombre, pues él sabía lo que había en el hombre». Él conocía las luchas específicas de cada uno, las confesaran en voz alta o no; y, si alguien tenía derecho a acusar de pecado, era el perfecto Hijo de Dios. Sin embargo, no lo hizo.

1. **¿Cómo se ama de verdad?**

2. **¿Cómo amó Jesús de verdad durante Su ministerio en la tierra?**

3. **La gente que influyó en tu vida espiritual, ¿cómo te mostró el amor de Jesús?**

Piensa en la mujer del pozo de Juan 4. Jesús no la confrontó ni la acusó de pecado. Se desvió de su camino para interactuar con ella. Le hizo preguntas con mansedumbre y escuchó sus respuestas. Como su interés era de verdad, interactuó con ella de un modo inofensivo y esto le permitió presentar verdades que fueran recibidas. La compasión de Jesús le cambió la vida, y ella fue de inmediato a hablarles de Él a los demás. Cuando amamos de verdad, como ama Jesús, el fruto de ese amor se multiplica.

4. **¿Tiendes a hablar más de lo que escuchas o viceversa? ¿Qué efecto tiene en tus relaciones tu estilo comunicativo?**

5. **¿Por qué la gente abandona una postura defensiva cuando la escuchan en lugar de sermonearla?**

6. **¿Cómo podemos desarrollar un amor genuino por la gente y una curiosidad sincera por su vida?**

En la Última Cena, mientras preparaba a los discípulos para enviarlos, Jesús les habló de la importancia del amor. En Juan 13:34-35, anunció: «Un mandamiento nuevo os doy: Que os améis unos a otros; como yo os he amado, que también os améis unos a otros. En esto conocerán todos que sois mis discípulos, si tuviereis amor los unos con los otros». Si queremos representar de verdad a Jesús, el amor es esencial.

7. **Si alguien analizara tu vida, ¿sabría que eres cristiano por la manera en que tratas a los demás? ¿Cómo podrías hacer más evidente tu amor por el prójimo?**

8. **De todas las maneras de presentarle a Jesús al mundo, ¿por qué amar al prójimo es tan importante?**

9. **¿De qué maneras se abren puertas para el evangelismo al amar de verdad al prójimo?**

El amor nos impulsa a considerar al prójimo y suplir sus necesidades. La gran necesidad de toda persona sobre la tierra es Jesús. Presentar el evangelio es un acto de amor. Si dejas que el amor sea tu motivación en cada oportunidad de evangelización, generarás relaciones genuinas y podrás plantar semillas a las que Dios dará el crecimiento.

10. **¿A quién te gustaría mostrarle el amor de Jesús esta semana? ¿Qué harás para expresar ese amor?**

Usen este tiempo para orar los unos por los otros a modo de cierre de la reunión.

PEDIDOS DE ORACIÓN

«Un mandamiento nuevo os doy: Que os améis unos a otros; como yo os he amado, que también os améis unos a otros. En esto conocerán todos que sois mis discípulos, si tuviereis amor los unos con los otros».

JUAN 13:34-35

Semana 2 Ama de verdad

ESTUDIO PERSONAL 1

Sin amor, no tenemos nada

El amor de Jesús por nosotros y Su devoción por la gloria de Dios lo llevaron a la cruz. Amamos porque Jesús nos amó primero. Si seguimos las huellas de Jesús, nosotros también deberíamos destacarnos por nuestro amor. En 1 Corintios 13, Pablo menciona cómo es el amor verdadero y nos ayuda a entender por qué es esencial que los cristianos transmitamos amor en todo lo que hacemos.

Lee 1 Corintios 13.

¿Qué explica Pablo que somos si predicamos el evangelio sin amor? ¿De qué valen nuestra fe y nuestros dones espirituales sin amor?

¿Qué características del amor (vv. 4-7) te parecen más difíciles de mostrar en tu vida?

No podemos ser evangelistas ni apologetas sin amor. Recuerda lo que estudiamos la semana pasada en 1 Pedro 3:15-16, donde Pedro expresa: «santificad a Dios el Señor en vuestros corazones, y estad siempre preparados para presentar defensa con mansedumbre y reverencia ante todo el que os demande razón de la esperanza que hay en vosotros; teniendo buena conciencia». La manera de interactuar con la gente es vital para el éxito de las iniciativas de evangelización.

Nadie quiere conversar con un sabelotodo altanero. Siendo así, no llegaremos lejos. En los versículos 8-9 del mismo capítulo, Pedro nos exhorta a ser misericordiosos y amigables, y a bendecir incluso a quienes nos atacan. La mansedumbre, la reverencia, la misericordia y la amistad son fruto de un corazón amoroso. Cuando nos acercamos con esa actitud, más allá de cómo responda la persona, podemos tener la consciencia tranquila de que hemos representado bien a Cristo. Cuando amamos de verdad, Jesús es glorificado.

¿Cómo iniciarías una conversación sobre Jesús con alguien de tu entorno? Piensa diferentes maneras de iniciar la evangelización y escribe a continuación unas preguntas o frases para comenzar.

Lee lo que has escrito y asegúrate de que tus palabras comuniquen un amor genuino. Es imposible conocer de antemano el resultado de la conversación; la persona podría irse sin siquiera recordar lo que hablaron. No obstante, si interactúas con amor, al menos la persona recordará cómo la hiciste sentir. Eso podría dejar una puerta abierta para otra conversación en el futuro.

Quizás hayas tenido encuentros de este estilo donde la gente reaccionó mal. ¡Esas experiencias incómodas o negativas pueden quitarnos valentía o ponernos a la defensiva! Sin embargo, debemos cultivar siempre un corazón sincero y humilde, dispuesto a presentar el evangelio con amor, sin exigir un resultado en particular.

Eso es lo que hizo Jesús por nosotros. Dio todo lo que tenía por nosotros, a pesar de recibir escupitajos a cambio. Las respuestas negativas a Su amor no le impidieron dar todo. Incluso hoy, sigue llamando a personas que solo le han mostrado hostilidad. Piensa en cómo vivías antes de conocer a Jesús. Todos nos oponíamos abiertamente a Él y, sin embargo, nos vino a buscar. Nada podría haberle impedido darnos todo lo que tiene. Deberíamos amar con esa misma perseverancia para llevar a otros a Jesús.

Lee Romanos 5:6-8.

Éramos enemigos de Dios y, de todos modos, Él envió a Su Hijo a morir en nuestro lugar. ¿Por qué piensas que siguió amándonos a pesar de nuestro pecado y hostilidad hacia Él?

¿Cómo te alienta esta meditación a seguir amando a la gente aunque seas rechazado?

¿De qué maneras podrías amar a la gente difícil de amar?

El evangelismo verdadero exige un compromiso de largo plazo con el amor. Nuestro amor por la gente debe ser sincero e impulsarnos a mantener el interés cuando preferiríamos marcharnos. Nuestro amor debe ser paciente y tierno, para acompañar el tiempo que haga falta; y nuestro amor debería llevarnos a no perder la ilusión y soportarlo todo (1 Corintios 13:7), tal como Cristo nunca se rindió con nosotros.

ESTUDIO PERSONAL 2

Amar con todo nuestro ser

Jesús nos ama más de lo que ninguno de nosotros podría amar. Dio Su vida por nosotros y nos pide que hagamos lo mismo. Evangelizar supone dar la vida por los demás. Presentar a alguien el evangelio no es solo tener conversaciones; muchas veces abarca invitar a la persona a nuestro hogar, a nuestro corazón y a nuestra vida cotidiana. Ese tipo de compromiso y discipulado tiene un costo. Exige tiempo, energía, recursos y oración. Si de verdad queremos seguir Sus huellas, hacer discípulos también tendrá un costo para nosotros. Sin embargo, a la luz de la eternidad, el sacrificio vale la pena.

Vuelve a leer Filipenses 2:5-8.

¿Qué sacrificó Jesús para salvarnos?

Si adoptaras la confianza humilde y la mentalidad sacrificial de Jesús, ¿cómo afectaría eso tus relaciones?

¿Qué debes cambiar a la hora de evangelizar para emular más a Cristo?

Jesús es plenamente Dios. No tenía motivo para abandonar el reino celestial excepto Su amor por nosotros. Optó por dejar a un lado Su gloria, asumir forma humana y hacer el máximo sacrificio por nosotros. Al ser plenamente hombre, padeció la experiencia humana más horrible: lo rechazaron, lo azotaron, se burlaron de Él, lo escupieron, lo humillaron y lo colgaron en una cruz. No se quejó ni una vez. Todo el tiempo, pensó en Su amor por nosotros.

No obstante, en la Biblia vemos que la recompensa para Jesús fue increíble.

Lee los versículos 9-11.

¿Cómo se ejemplifica este tipo de servicio y sacrificio en obediencia a Cristo?

¿Qué impacto podría tener sobre otros este tipo de servicio amoroso si se convirtiera en parte de nuestro ser?

Jesús nos dejó la hoja de ruta para llevar una vida sacrificial que honre a Dios. Con corazón humilde, agradecidos por lo que hizo por nosotros, seguimos las huellas de Jesús. Nos rebajamos como Él. Consideramos a los demás más importantes que nosotros. Pensamos más en los demás que en nosotros mismos. Servimos al prójimo porque lo amamos; y, si bien no servimos a Dios para obtener ganancia, Jesús prometió una gran recompensa en los cielos para esta vida de amor sacrificial.

¿Qué nos impide estar dispuestos a humillarnos como Cristo para amar al prójimo?

¿Cuál fue la recompensa de Jesús tras Su servicio, sacrificio y obediencia?

¿De qué manera nuestro servicio, sacrificio y obediencia podrían hacernos evangelistas más eficaces?

No hallaremos un mejor ejemplo que Jesús. Se humilló para amarnos y el costo fue Su propia vida. Llevar el evangelio a otros siempre nos costará algo, ya sea nuestro prestigio, la libertad para ganar una discusión o el tiempo invertido. Sea cual sea el costo, el amor de Cristo nos reta a asumirlo voluntariamente porque es lo necesario para amar de verdad.

Esta sesión es sobre cómo amar de verdad.
Presta atención a esas dos palabras del final.
Amar suele ser fácil, pero amar de verdad implica sacrificio.

¿Qué te lleva a sacrificar el llamado a amar de verdad?

¿A quién podrías intentar amar de verdad esta semana? Anota su nombre y ora para que Dios te conceda el favor de esta persona y tiempo con ella esta semana.

ESTUDIO PERSONAL 3

Ejercicio de evangelización

Dedica un tiempo a la oración al comenzar el ejercicio de evangelización de esta sesión.

¿Hay algo relacionado con el evangelismo que te dé miedo? Anota a continuación tus pensamientos y pídele a Dios que te otorgue la valentía para superar esos miedos.

A la luz de nuestro estudio bíblico de esta semana sobre cómo amar de verdad, es tiempo de considerar algunas maneras prácticas de sumar amor en tus conversaciones de evangelización.

¿Qué tipo de preguntas podrías hacer para demostrar a la otra persona que te preocupas por ella?

¿Cómo podrían esas preguntas llevar a una conversación más profunda?

¿Quién te está trayendo Dios a la mente para hablar sobre Cristo? ¿Qué preguntas específicas podrías incorporar en la conversación para demostrarle tu amor a esa persona?

Consulta esos disparadores de conversaciones del Estudio personal 1. ¿Ya has utilizado alguno? Si aún no, no hay problema. La meta es que estés preparado para cuando Dios te otorgue una oportunidad. Sin embargo, a veces Él nos llama a generar esa oportunidad. ¿Cómo podrías contactar esta semana a la persona que anotaste antes?

Anota los próximos pasos para contactar y mostrarle amor a la persona que Dios te está llamando a evangelizar.

Regresa a esta página para reflexionar tras interactuar con alguien esta semana.

¿Cómo te fue con la conversación? ¿Cómo te sentiste? ¿Cómo piensas que podrían ser los próximos diálogos con esta persona?

Tómate un tiempo para orar y agradecerle a Dios la oportunidad de mostrar Su amor a esta persona, más allá de cómo resulte la interacción.

Semana 3

Muestra cómo vives

Estudio grupal

COMENCEMOS

Bienvenido a la tercera semana de Evangelismo cotidiano.

Entre la última sesión y esta, estudiaste lo que significa amar de verdad. ¿Cuál fue la conclusión principal que te dejó tu estudio personal de esta semana?

¿Ese foco en amar de verdad ha representado un reto para ti?

¿Qué debes cambiar para amar como ama Jesús?

Con base en el estudio de la semana pasada sobre el amor, hoy vamos a hablar sobre uno de los actos de amor más importantes si queremos llevar a alguien a Jesús: invitarlo a ser parte de nuestra vida. Si seguimos de verdad a Jesús, nuestra manera de vivir reflejará el cambio que ha hecho en nuestra vida. Nuestra forma de transitar este mundo (nuestra forma de amar, de trabajar, de arrepentirnos y de perdonar) es un testimonio vivo del poder de Dios para transformar vidas.

Al invitar a alguien a ser parte de nuestra vida, comunicamos el deseo de tener una relación. Al profundizarse la amistad, se genera un espacio para conversaciones sinceras y una oportunidad de ser ejemplo de la vida cristiana. Esto puede parecer un sacrificio enorme en cuanto a tiempo y esfuerzo, porque claramente lo es.

Piensa en alguien que ha sido ejemplo para ti de cómo se sigue a Jesús. ¿Qué has aprendido de esa persona?

Como veremos en el video de hoy, Preston entregó su vida a Jesús porque un amigo estuvo dispuesto a hacerlo parte de su vida. Ver el estilo de vida del amigo impulsó a Preston a entregarle todo a Dios. Si Cristo te ha transformado de verdad, puedes ayudar a otros a verlo a través de tu vida. No menosprecies el poder de tu estilo de vida.

Ora antes de mirar el video, pidiéndole a Dios que te ayude a exponerte y abrir tu vida a los demás.

MIREMOS EL VIDEO

Usa esta página para tomar notas mientras miras el video de la tercera sesión.

Para acceder a las sesiones de enseñanza, sigue las instrucciones ubicadas al final del libro del estudio bíblico.

CONVERSEMOS

Utiliza esta página para guiar la conversación grupal.

Preston definió como «discipulado» la idea de invitar a la gente a ser parte de nuestra vida. Según dónde te encuentres en el camino de la fe, la idea de hacer discípulos puede resultarte intimidante. Sin embargo, no hace falta ser casi perfecto para que el fruto del Espíritu se evidencie en tu vida. Si sigues a Jesús, puedes reflejar Su bondad ante los demás, más allá de los tropezones y las caídas.

1. **¿Por qué piensas que el estilo de vida de Gary impactó tanto a Preston?**

2. **¿Cómo te hace sentir el concepto de mostrarles a otros cómo vives?**

Dios usó un mal momento de Gary para llegar al corazón de Preston. Esa situación nunca se habría dado si Gary no hubiera estado dispuesto a invitar a Preston a su vida. ¡Este hecho que cambió el destino eterno de Preston sucedió en una visita cotidiana al banco! No debemos subestimar lo que Dios puede hacer si exponemos nuestra vida a otras personas y las invitamos a pasar tiempo con nosotros.

3. **Si alguien observara cómo vives, ¿qué vería? ¿Qué aprendería sobre Dios a través de tu vida?**

4. **¿Qué te hace dudar de invitar a otros a formar parte de tu vida?**

5. **¿Qué quieres que tu testimonio vivo les muestre a otros sobre Dios?**

La gente que observa tu vida no necesita hallar perfección para entrever lo que Jesús es capaz de hacer. Ellos necesitan ver que tu vida ha sido transformada por Jesús. No necesitas ya haber entendido todo; solo debes ser fiel en la búsqueda de Dios y el amor al prójimo.

6. **Volviendo al ejemplo de Preston, ¿cómo se glorificó Dios a través de los defectos de Gary?**

7. **¿De qué manera exponer tus fracasos y tu arrepentimiento puede llevar a alguien a Jesús?**

Lee Romanos 6:1-4:

¿Qué, pues, diremos? ¿Perseveraremos en el pecado para que la gracia abunde? En ninguna manera. Porque los que hemos muerto al pecado, ¿cómo viviremos aún en él? ¿O no sabéis que todos los que hemos sido bautizados en Cristo Jesús, hemos sido bautizados en su muerte? Porque somos sepultados juntamente con él para muerte por el bautismo, a fin de que como Cristo resucitó de los muertos por la gloria del Padre, así también nosotros andemos en vida nueva.

Si bien no necesitas ser perfecto para mostrar a Jesús, los demás necesitan ver evidencias de una «vida nueva» en ti. Necesitan verte trabajando activamente para dejar atrás tu antigua vida. No podemos seguir con una rutina pecaminosa ni descuidar nuestra relación con Jesús y esperar que otros vean a Él cuando exponemos nuestra vida. Una vida que da testimonio de la bondad de Dios es una vida de fidelidad hacia Él.

8. **¿Cómo podrías andar de manera más fiel a Jesús esta semana? ¿Qué impacto podría tener eso en la gente de tu entorno?**

Usen este tiempo para orar los unos por los otros a modo de cierre de la reunión.

PEDIDOS DE ORACIÓN

«Así, pues, téngannos los hombres
por servidores de Cristo, y
administradores de los misterios
de Dios. Ahora bien, se requiere
de los administradores, que
cada uno sea hallado fiel».

1 CORINTIOS 4:1-2

Semana 3 Muestra cómo vives

ESTUDIO PERSONAL 1

Fidelidad en la obediencia

Procura con diligencia presentarte a Dios aprobado, como obrero que no tiene de qué avergonzarse, que usa bien la palabra de verdad.
2 TIMOTEO 2:15

En este pasaje donde Pablo exhorta a Timoteo a mantenerse fiel, en esencia lo alienta: «Sigue adelante. No te rindas nunca. Sigue presentando lo que Dios te ha mostrado en Su Palabra con amor y dedicación. Así, nunca tendrás de qué avergonzarte, más allá del resultado, porque eso es lo que pide Dios».

No puedes saber con antelación cómo responderá la gente cuando le presentes el evangelio. No puedes prever lo que Dios hará en el corazón de otro cuando expongas tu vida. No necesitas tener garantizado el éxito para ser obediente al llamado de Dios. Él nos llama a salir de la comodidad y compartir Su mensaje vivificante a quienes no conocen a Cristo y están sufriendo. Nos llama a servirles y amarlos. Sabemos que nuestro Dios fiel obra a través de nuestra obediencia, más allá de los resultados aparentes.

¿En qué has sido fiel al presentar el evangelio? ¿En qué debes ser más diligente?

¿Saber que Dios siempre es fiel te alienta a ser obediente a Su llamado? ¿De qué maneras?

En 1 Reyes 18 vemos uno de los momentos más dramáticos de la Escritura. Era un tiempo sombrío en la nación de Israel; los reyes y las reinas habían guiado a la gente a la idolatría y se habían olvidado de Dios. La reina en ese entonces, Jezabel, estaba matando a los profetas de Dios, y los profetas que se escaparon estaban escondidos. Sin embargo, Dios levantó al profeta Elías para que la gente regresara a Él.

En presencia de todo Israel, Elías desafió a 450 profetas del falso dios Baal a comparar públicamente el poder de su dios con el del Dios de Abraham, Isaac y Jacob. Cada bando debía erigir un altar con un sacrificio: habría uno para Baal y otro para el Señor. Luego orarían y el Dios que respondiera con fuego sería aceptado como el Dios verdadero. La gente estuvo de acuerdo y comenzó la batalla.

Elías era el único profeta que quedaba de Dios ante 450 profetas falsos y decidió enfrentarlos. Si el Dios de Israel no respondía con fuego, Elías seguramente sería ejecutado. No obstante, arriesgó todo, hasta su vida, para llevar al pueblo de Israel de regreso a Dios. Elías fue fiel y obedeció el llamado de Dios para su vida.

Lee el relato de 1 Reyes 18:16-39.

Elías sabía que Dios lo había enviado a esta misión y confiaba en la fidelidad de Dios. El profeta puede haber preparado el altar, pero fue Dios quien preparó todo el plan. Gracias a esa confianza en la fidelidad de Dios, Elías siguió el plan en obediencia, y el resultado fue un avivamiento en toda la nación.

> *Entonces cayó fuego de Jehová, y consumió el holocausto, la leña, las piedras y el polvo, y aun lamió el agua que estaba en la zanja. Viéndolo todo el pueblo, se postraron y dijeron: ¡Jehová es el Dios, Jehová es el Dios!*
> **1 REYES 18:38-39**

¿De qué manera la historia de Elías desafía tu entendimiento de tu rol en el evangelismo?

¿Qué obstáculos representan una amenaza para tu fidelidad?

¿De qué manera reveló Dios Su fidelidad en tu vida a pesar de los obstáculos?

Esa fidelidad de Dios que ya has experimentado, ¿cómo debería influir en tu fidelidad actual?

Más adelante en este estudio bíblico, hablaremos sobre la valentía. No hay dudas de que la valentía es parte clave del evangelismo. Elías fue valiente al interactuar con los falsos profetas. Él ya había experimentado la provisión de Dios en el pasado y confió en que Dios volvería a cumplir. Sabía que Dios no fallaría. Recordar las veces que Dios ha sido fiel en el pasado nos ayuda a confiar en que seguirá siendo fiel cuando nos animemos en obediencia a presentar el evangelio.

Anota al menos tres ocasiones en las que Dios se ha manifestado en tu vida. Ora agradeciéndole por Su fidelidad. Pídele que te ayude a recordar Su fidelidad cuando intentes ser fiel en obediencia.

ESTUDIO PERSONAL 2

Fidelidad en el amor

La Última Cena estuvo repleta de sorpresas, pero una de las menos esperadas fue cuando Jesús se arrodilló para lavarles los pies a los discípulos. Esto fue impactante por varios motivos. Primero, ¡imagina lo destrozados que debían estar esos pies! Andaban en sandalias por caminos polvorientos todo el día, todos los días, con acceso limitado a agua. Eso sí es suciedad. Por esa realidad desagradable, lavar los pies era una tarea reservada para el siervo de menor rango. Sin embargo, el Hijo de Dios optó con humildad por lavarles los pies a Sus amigos. En segundo lugar, piensa en quiénes estaban presentes: Pedro, que lo negó; Judas, que lo traicionó; y un grupo de hombres que huyeron asustados apenas se complicó todo. Jesús sabía todo lo que harían los discípulos en las horas y los días posteriores. No obstante, les sirvió a cada uno de manera íntima.

Si bien Jesús sabía lo que harían los discípulos, no excluyó a ninguno. Lavarles los pies fue el anticipo perfecto de lo que haría pronto en la cruz: morir por quienes lo condenaron a morir.

¿Qué le permitió a Jesús servir a quienes pronto lo traicionarían?

¿De qué maneras prácticas puedes aplicar el ejemplo de Jesús de fidelidad al prójimo?

Estamos llamados a vivir como Jesús. En el evangelismo, esto significa proclamar con fidelidad el evangelio a quienes no están de acuerdo con nosotros. Significa amar a personas que pueden rechazarnos o insultarnos. ¡Jesús hizo eso todo el tiempo! Amó con lealtad a discípulos que lo abandonaron. Les predicó a multitudes que se alejaron de Él. Siguió interactuando con los fariseos, aunque lo cuestionaban y tramaban en Su contra. Perseveró en el amor sacrificial porque las dificultades valían la pena: ¡logró llegar a algunas personas! Algunos de los primeros cristianos eran fariseos (Hechos 15). Nicodemo fue uno de ellos (Juan 3). Además, Pablo, quizás el fariseo más famoso de todos, puede haber sido el misionero cristiano más exitoso de la historia.

¿A qué vamos con esto? Amamos a la gente porque estamos llamados a eso. Todos necesitan el evangelio y nosotros no podemos saber de antemano qué corazones están dispuestos. A veces, detectaremos rápido a quienes se oponen. En ocasiones, al igual que Jesús, tendremos que sacudirnos el polvo de los pies y seguir adelante (Mateo 10:14). No obstante, más allá de dónde vayamos o con quién conversemos, debemos actuar con amor. Debemos servir con fidelidad a la gente. Aunque algunos parezcan no ser receptivos, ¡seguimos plantando y regando semillas con nuestras palabras y nuestro testimonio!

¿De qué maneras específicas puedes actuar con amor?

¿Por qué es necesario el amor en los encuentros de evangelización?

Cabe destacar que la fidelidad en el amor no se limita a un momento de servicio. Debemos ser fieles en el largo plazo esperando con expectativa que Dios actúe.

Lee Juan 9:1-38.

Jesús no solo le dio la vista al ciego, sino que también estuvo atento a él y volvió a buscarlo más adelante. Los fariseos, luego de interrogarlo por su sanación, lo expulsaron de la sinagoga. En ese momento, regresó Jesús; Él le había servido a este hombre y le había mostrado amor. Luego de eso, Jesús siguió interactuando con él y finalmente el ciego estuvo listo para recibir la salvación. «¿Crees tú en el Hijo de Dios?», le preguntó Jesús. Él le respondió con un corazón dispuesto: «¿Quién es, Señor, para que crea en él?» (Juan 9:35-36).

Apenas Jesús le dijo «el que habla contigo», el hombre se postró a los pies y lo adoró. Jesús, al satisfacer por amor las necesidades físicas del hombre, preparó su corazón para que recibiera la verdad de que Jesús es el Mesías.

¿Qué necesidades materiales o físicas de alguien puedes satisfacer esta semana? ¿Cómo podría eso generar oportunidades para presentar el evangelio?

¿Con quién te has rendido en el pasado? ¿Cómo podrías volver a contactarlo y servirle con amor?

Otra manera de ser fiel en el amor a los demás es escuchar. A veces, nos precipitamos y presentamos todo el evangelio sin siquiera saber con quién estamos hablando. En lugar de decirle a la gente que queremos hablarle de Dios, podemos hacer preguntas como «¿qué piensas de Dios?» o «¿quién es Jesús para ti?». Pregúntale a la gente dónde halla consuelo ante el dolor o la tristeza. Estas preguntas no solo contribuyen a reducir el riesgo de rechazo, sino que también hacen sentir considerada y valorada a la gente. Si ratificamos el valor de la gente en Cristo, los corazones estarán más abiertos a Su amor y Su gracia.

Al intentar hablar de Jesús con la gente, ¿tiendes a comenzar hablando o escuchando? ¿Por qué es tan valioso escuchar?

Piensa en la última persona con la que hablaste de Jesús. ¿Cuánto sabes de ella?

¿Cómo podrías generar otra conversación con esa persona?

Ora pidiéndole a Dios que te ayude a ser fiel en el amor y en la obediencia al animarte a hablar de Su amor con la gente.

ESTUDIO PERSONAL 3

Ejercicio de evangelización

Es hora de practicar la fidelidad en tus relaciones a través del servicio y del amor.

¿Quién te ha puesto Dios en el corazón para conversar sobre el evangelio esta semana?

¿Qué necesidades tiene esa persona con las que puedas ayudarla esta semana? ¿Qué pasos prácticos debes dar para que eso suceda?

Este acto de amor y servicio, ¿cómo podría allanar el camino para una conversación sobre el evangelio?

¿Cómo seguirás siendo fiel en esta relación más allá de este acto de servicio?

¿Cómo podrías invitar a esta persona a formar más parte de tu vida?

Tras servir a esta persona en la semana, regresa a esta página y registra a continuación cómo fue la interacción. Toma notas que te sirvan como referencia para futuras conversaciones. ¿Qué harás a continuación para invertir en esta relación?

Semana 4

Gana los corazones

Estudio grupal

COMENCEMOS

Bienvenido a la cuarta semana de Evangelismo cotidiano.

Entre la última sesión y esta, consideraste cómo ser fiel en la obediencia y en el amor. ¿Qué te llamó más la atención del estudio personal de esta semana?

¿Cómo invitarás a otros a ser más parte de tu vida?

En este estudio, se ha hecho énfasis en la importancia del amor para el evangelismo. Tendemos a asociar el evangelismo y la apologética con las discusiones, pero las discusiones no llevan a la gente a Jesús. En el evangelismo, nuestra meta no es ganar discusiones, sino ganar corazones. ¿Y cómo podemos lograrlo? Debemos entender cuál es y cuál no es nuestra tarea.

> *Porque la palabra de Dios es viva y eficaz, y más cortante que toda espada de dos filos; y penetra hasta partir el alma y el espíritu, las coyunturas y los tuétanos, y discierne los pensamientos y las intenciones del corazón.*
> **HEBREOS 4:12**

La Palabra de Dios lleva a la gente a la verdad del evangelio, la lleva de las tinieblas a la luz. Nuestra tarea es presentar la verdad de un modo en que el único obstáculo sea la verdad en sí misma. Si presentamos con fidelidad la Palabra, esta actuará con eficacia en el corazón de las personas con las que interactuemos.

La manera en que presentamos el evangelio es importante. Como cristianos, solemos creer que el mundo rechaza la verdad de Dios. ¿Puede ser que no siempre sea así? ¿Puede ser que rechacen el envoltorio más que el mensaje? Si le das a alguien un regalo en una bolsa de basura, quizás no esté interesado siquiera en abrirlo. En cambio, si la gente rechaza el mensaje de Cristo cuando lo presentamos con respeto, podemos ir con las manos limpias ante Dios y rogarle misericordia para estas personas rebeldes. Lo que no queremos es que nuestro tono o comportamiento sea la razón por la que alguien rechace el evangelio.

Oren por este tiempo juntos, para que Dios ablande sus corazones al pensar en quienes no conocen a Cristo y para que les dé a ustedes una pasión por Su verdad.

MIREMOS EL VIDEO

Usa esta página para tomar notas mientras miras el video de la cuarta sesión.

Para acceder a las sesiones de enseñanza, sigue las instrucciones ubicadas al final del libro del estudio bíblico.

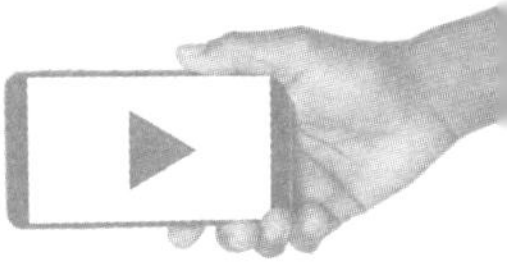

CONVERSEMOS

Utiliza esta página para guiar la conversación grupal.

1. **¿Alguna vez has tenido que dar una mala noticia? ¿De qué manera lo hiciste?**

2. **¿Qué influencia (positiva o negativa) tuvo tu manera de dar la noticia sobre la forma en que fue recibida?**

Más allá del tipo de noticia que debamos dar, hacerlo con calidez y calma generará una mejor respuesta que si lo hiciéramos de modo brusco. Muchas veces cuesta escuchar la verdad. La gente a veces responde a la defensiva cuando uno intenta hablar del evangelio. A nadie le gusta considerar la posibilidad de tener una cosmovisión errónea. ¿Entonces cómo podemos dar esta mala noticia? Lo hacemos con calidez. El evangelismo nunca es un mero ejercicio intelectual. ¡Para ganar corazones para Jesús debemos sentir amor de verdad por esos corazones!

3. **¿Cómo respondiste la primera vez que escuchaste el evangelio? ¿Por qué?**

4. **Si tu respuesta fue negativa, ¿hay algo que la persona podría haber hecho de otra manera para ayudarte a estar más abierto al concepto? ¿Qué te ayudó al final a aceptar la verdad?**

Aunque nos acerquemos a la gente con calidez, a veces pueden surgir respuestas combativas. ¿Qué debemos hacer en esas situaciones?

> *La blanda respuesta quita la ira; mas la palabra áspera hace subir el furor.*
> **PROVERBIOS 15:1**

Nuestra naturaleza humana nos hace tratar del modo que nos tratan. Si alguien es grosero hacia nosotros, solemos responder de manera grosera. Es mucho más fácil ser amable con quienes nos tratan con amabilidad. Sin embargo, si estamos en Cristo, tenemos una naturaleza nueva. Ya no nos limita la naturaleza de la carne; somos libres para seguir el ejemplo de Jesús. Debemos rechazar el impulso de ponernos a la defensiva y acalorar la discusión. Si respondemos con educación, podemos cambiar toda la dinámica de la interacción.

El poder de Dios vive dentro de nosotros para que reflejemos Su carácter al mundo. Si rechazamos nuestro antiguo ser y nos entregamos al poder del Espíritu de Dios, podremos amar a todos, aunque no nos den nada a cambio.

Lee Colosenses 3:1-15.

5. **¿Cuáles son las diferencias entre tu antigua naturaleza terrenal y la nueva naturaleza que recibiste en Cristo?**

6. **¿De qué características necesitas recordar revestirte (vv. 12-14) cada día?**

Revestirse del nuevo ser lleva práctica. Se nos irá haciendo cada vez más natural mientras más dependamos del Espíritu Santo, pero vivir con la nueva naturaleza que nos dio Jesús es una decisión consciente. Recuerda eso cada vez que compartas el evangelio. Pídele al Espíritu que dé fruto en ti cuando interactúes con quienes necesitan Su verdad.

Lee Gálatas 5:22-23.

7. **¿Qué fruto del Espíritu necesitas pedirle a Dios que te ayude a producir en mayor medida?**

Dios no nos encarga polemizar. Nos encarga ser eficaces. Las personas que parecen oponerse al evangelio en realidad no son rivales. Nosotros antes estábamos en la misma situación que estas personas que no conocen a Cristo. Si no fuera por Jesús, seguiríamos así. Jesús sufrió el castigo que nos correspondía a nosotros para que estuviéramos en paz con Dios. Nuestro Buen Pastor vino a buscarnos, nos encontró y nos llevó con Su rebaño. No lo hizo con mano de hierro ni con picana eléctrica. Nos llevó a Él con ternura y humildad. Ahora nos toca hacer lo mismo, como embajadores del Pastor, con compasión, calidez y amor inquebrantable.

Usen este tiempo para orar los unos por los otros a modo de cierre de la reunión.

PEDIDOS DE ORACIÓN

«Vestíos, pues, como escogidos de Dios, santos y amados, de entrañable misericordia, de benignidad, de humildad, de mansedumbre, de paciencia; soportándoos unos a otros, y perdonándoos unos a otros si alguno tuviere queja contra otro. De la manera que Cristo os perdonó, así también hacedlo vosotros. Y sobre todas estas cosas vestíos de amor, que es el vínculo perfecto».

COLOSENSES 3:12-14

Semana 4 Gana los corazones

ESTUDIO PERSONAL 1

Con el comportamiento y las palabras

> *Finalmente, sed todos de un mismo sentir, compasivos, amándoos fraternalmente, misericordiosos, amigables; no devolviendo mal por mal, ni maldición por maldición, sino por el contrario, bendiciendo, sabiendo que fuisteis llamados para que heredaseis bendición.*
> **1 PEDRO 3:8-9**

Este pasaje está en la primera carta de Pedro para la iglesia gentil dispersa en el extranjero (1 Pedro 1:1). Estos creyentes habían pasado por una dura prueba (perseguidos y exiliados por su fe en Jesús) y Pedro de todos modos les enseñaba a andar por la vida con amor. Si te pones a pensar en lo que habrán experimentado al ser rechazados y expulsados de sus ciudades, parece casi imposible que pudieran levantarse cada día y revestirse de amor en su nueva y extraña realidad. No obstante, recuerda que tenían una nueva naturaleza. En su antigua naturaleza de la carne, probablemente estarían furiosos, contraatacarían y vivirían con un corazón endurecido y amargado. Sin embargo, al tener el Espíritu de Dios viviendo en su interior, estaban equipados para dejar atrás las reacciones naturales de la carne y actuar con amor, más allá de las dificultades afrontadas.

Piensa en lo atractivas que habrán sido para su entorno esa bondad, esa paz y esa actitud positiva: personas que vivían con alegría a pesar de las circunstancias difíciles. ¿Quién no querría conocer el secreto para vivir así? Andar con nuestra nueva naturaleza ante la persecución nos abrirá puertas para tener conversaciones sobre Jesús que impacten a quienes lo necesitan. Ellos podrán ver en tiempo real Su poder que nos renueva y nos sostiene.

¿Cómo podemos cultivar corazones que respondan naturalmente con amor?

¿Por qué debemos tratar con amor y respeto a los incrédulos? ¿Qué les revela eso sobre Jesús?

Pablo también tuvo mucho que decir a la iglesia primitiva sobre cómo tratar al prójimo. Colosas era una ciudad de gran diversidad, llena de diferentes creencias, como nuestra sociedad. En Colosenses 4:2-6, Pablo los alentó:

> *Perseverad en la oración, velando en ella con acción de gracias; orando también al mismo tiempo por nosotros, para que el Señor nos abra puerta para la palabra, a fin de dar a conocer el misterio de Cristo, por el cual también estoy preso, para que lo manifieste como debo hablar. Andad sabiamente para con los de afuera, redimiendo el tiempo. Sea vuestra palabra siempre con gracia, sazonada con sal, para que sepáis cómo debéis responder a cada uno.*

Pablo primero le recordó a la iglesia que orara con diligencia, agradeciendo a Dios lo que estaba haciendo y pidiéndole que creara oportunidades para que más personas creyeran en Cristo. Deberíamos pedirle a Dios continuamente que abra puertas para presentar el evangelio, presentarle a Dios los nombres de personas y pedirle que las rescate del pecado. Si dedicamos tiempo a Dios en oración, Él pondrá en nuestro corazón un anhelo aún mayor de que ellos lo conozcan. Él hará que en nuestro ser haya cada vez menos de nosotros (nuestra antigua naturaleza, nuestros miedos, nuestras dudas) y cada vez más de Él. No podemos subestimar nunca el papel de la oración en el evangelismo. ¡Dios escucha nuestras oraciones!

¿Cómo está tu vida de oración?

¿Cómo cambiaría tu perspectiva si concentraras tus oraciones en el prójimo y sus necesidades más que en ti mismo?

Haz una lista de personas que conozcas que estén alejadas de Dios. Comprométete a orar por ellas cada día de esta semana.

Pablo luego pasa a instrucciones específicas sobre cómo presentar la verdad a fin de ganar corazones. Él menciona que debemos actuar con sabiduría y que nuestras palabras deben estar repletas de gracia y «sazonadas con sal». Analicemos estos tres conceptos. Primero, la sabiduría. Cuando somos sabios en el evangelismo, medimos con cuidado nuestras palabras y nos aseguramos de no hablar de manera irreflexiva o imprudente. Consideremos con quién estamos antes de hablar y actuemos en consecuencia.

¿Has tenido últimamente conversaciones donde te ha faltado sabiduría? ¿Qué podrías hacer para ser más sabio en el futuro?

Luego, Pablo explica que debemos estar repletos de gracia. Deberíamos mostrar un favor inmerecido al prójimo porque eso hizo Dios con nosotros. Eso significa pasar por alto algunas cosas. Debemos perdonar. Se trata de dar sin expectativa de recibir.

Por último, Pablo menciona que nuestras palabras deben tener sal. La sal, bien usada, destaca el sabor de los alimentos y mejora todo. Al hablar, nuestras palabras deberían tener el sabor más gustoso. Lo que expresamos debería mejorar a las personas de nuestro entorno.

¿Cómo podrías dar sal a tus palabras? ¿Cómo podrías apreciar y destacar lo mejor del prójimo a fin de darle palabras de vida y generar una relación?

ESTUDIO PERSONAL 2

Con el crecimiento espiritual

Si te cuesta presentar la verdad con amor, no eres el único. Es un concepto que va contra nuestra naturaleza, en especial cuando recibimos oposición o indiferencia. A todos nos lleva tiempo aprender a andar con nuestra nueva naturaleza. Tenemos que vestirnos de nuestro nuevo ser cada día (Efesios 4:24). A medida que crece nuestra relación con Jesús, esta actitud se nos irá haciendo más natural que nuestra naturaleza pecaminosa.

Jesús es el Buen Pastor. No nos lleva al rebaño para que vivamos como corderos toda la vida; quiere ayudarnos a crecer. Mientras nos cuida, crecemos y maduramos. Nos fortalecemos. Ganamos sabiduría. Podemos afrontar situaciones más difíciles. La clave es estar cerca de Jesús. La proximidad al Pastor es lo que genera el crecimiento de las ovejas.

Para que ese crecimiento se refleje en nuestras palabras, debe existir en nuestro corazón.

> *No es buen árbol el que da malos frutos, ni árbol malo el que da buen fruto. Porque cada árbol se conoce por su fruto; pues no se cosechan higos de los espinos, ni de las zarzas se vendimian uvas. El hombre bueno, del buen tesoro de su corazón saca lo bueno; y el hombre malo, del mal tesoro de su corazón saca lo malo; porque de la abundancia del corazón habla la boca.*
> **LUCAS 6:43-45**

No podemos dar palabras de vida si dentro de nosotros no crece la vida de Jesús. Lo que sucede en nuestro corazón se refleja en lo que sale de nuestra boca. Por eso, la pregunta es ¿qué estamos haciendo para crecer?

¿Cómo describirías el estado de tu corazón? ¿Qué tiene mayor impacto sobre tu corazón actualmente?

¿De qué maneras prácticas buscas a Dios cada día? ¿Cómo estudias Su Palabra?

Deberíamos aprender todo el tiempo sobre Dios y sobre nosotros a través de la Escritura. ¿Qué has aprendido sobre Dios últimamente? ¿Y qué has aprendido sobre ti?

Si hay algo fuera de Dios que domine tu corazón, considera un ayuno de eso. Todo lo que capte tu atención más que Dios es un ídolo. Puede no ser algo malo en sí mismo, pero sí tener una prioridad indebida en nuestra vida. El ayuno es una manera excelente de reorientar la atención. Así, eliminamos lo que desvía nuestra atención de Dios y podemos volver a concentrarnos en Él. Llena el tiempo que dedicabas a esa distracción con oración, adoración, la Biblia y amistades que te lleven a Jesús.

Crecer a veces duele, pero es necesario.

> *¿Por qué me llamáis, Señor, Señor, y no hacéis lo que yo digo? Todo aquel que viene a mí, y oye mis palabras y las hace, os indicaré a quién es semejante. Semejante es al hombre que al edificar una casa, cavó y ahondó y puso el fundamento sobre la roca; y cuando vino una inundación, el río dio con ímpetu contra aquella casa, pero no la pudo mover, porque estaba fundada sobre la roca.*
> **LUCAS 6:46-48**

Al dedicarle tiempo a Jesús aprendiendo de Su Palabra, colocamos unos pilares inconmovibles. Construimos una fe sólida y segura, que nos protege de volver a ponernos a la defensiva o discutir ante la oposición. Nos hacemos fuertes, y esa fuerza produce perseverancia en el amor. La intimidad con Jesús nos equipa para evangelizar de un modo que gana los corazones.

Uno de los mejores regalos que Dios nos ha dado a través de la iglesia es una comunidad que nos ayuda en ese camino de crecimiento. ¡No necesitas afrontar esto en soledad! Es más, no te conviene. Si vas al gimnasio a ejercitarte con pesas grandes, necesitas un entrenador. Él se asegura de que emplees la técnica correcta y te ayuda a ejercitarte de modo seguro. Te alienta a seguir superándote y fortaleciéndote. ¡Además, se asegura de que vayas todos los días! La compañía hace más divertidas las partes difíciles del crecimiento y nos ayuda a perseverar. Necesitas un compañero de crecimiento espiritual. Puede ser un amigo íntimo, un mentor o un grupo de creyentes con los que te lleves bien. Verás que el crecimiento espiritual será más acelerado cuando no te ejercites solo.

> *Mas el que oyó y no hizo, semejante es al hombre que edificó su casa sobre tierra, sin fundamento; contra la cual el río dio con ímpetu, y luego cayó, y fue grande la ruina de aquella casa.*
> **LUCAS 6:49**

¿Cuál es el peligro de conocer los mandamientos de Jesús y no hacerles caso? ¿Qué efecto tendría la falta de perseverancia en el crecimiento espiritual sobre tus iniciativas de evangelismo?

¿La Palabra de Dios es el pilar de tu vida? ¿Por qué?

¿Qué persona de tu vida puede ayudarte a evaluar tu obediencia y rendir cuentas mientras vas creciendo? ¿Cómo podrías comunicarte con ella esta semana?

ESTUDIO PERSONAL 3

Ejercicio de evangelización

Para presentar el evangelio de un modo que gane corazones, necesitas un corazón sano y el pilar firme de la intimidad con Jesús. Antes de dar el paso de acercarte a alguien, evalúa el estado de tu corazón e identifica aspectos en los que necesites crecer. Haz un plan para crecer de manera sostenida en tu vida espiritual a fin de aceptar el llamado al evangelismo.

¿Qué revela del estado de tu corazón la manera en que tiendes a hablar y actuar?

¿De qué manera necesitas que Dios transforme tu corazón?

¿Qué efecto tendrá esa transformación en tus iniciativas de evangelismo?

¿Con qué frecuencia le dedicas tiempo a Jesús? ¿Cómo es ese tiempo?

¿De qué maneras necesitas crecer en la fe?

¿De qué formas prácticas podrías acercarte a Dios de manera sostenida?

¿Qué efecto tendrá sobre tu vida una relación más íntima con Jesús?

¿Qué efecto tendrá sobre tus iniciativas de evangelismo?

¿Qué harás esta semana para crecer espiritualmente?

¿Cómo puedes asegurarte de crecer de manera sostenida de aquí en adelante?

Semana 5

Conoce la verdad

Estudio grupal

COMENCEMOS

Bienvenido a la quinta semana de Evangelismo cotidiano.

Entre la última sesión y esta, cultivaste el deseo de ganar corazones y no discusiones. ¿Qué te llamó la atención del estudio personal de esta semana?

¿Qué sientes que debes modificar para concentrarte en los corazones más que en las discusiones?

El ministerio de Jesús se caracterizó por la presentación de la verdad con compasión por los destinatarios. Él enseñó las verdades del reino con gran convicción y compasión. Estamos llamados a hacer lo mismo, aunque para presentar la verdad necesitamos conocer la verdad.

¿Cuáles son los aspectos esenciales del evangelio? ¿Cuáles son las verdades más importantes que debes presentar al compartir el evangelio?

¿Con qué otras creencias sueles toparte en tu comunidad?

¿Qué diferencias tienen con el cristianismo?

Todos creemos en algo, incluso la gente que afirma no creer en nada. Todas las personas con que te cruces poseen una perspectiva del mundo, de la humanidad y de la salvación. Pueden ser de otra religión, como el judaísmo, el islam, los mormones, los testigos de Jehová o el budismo. Pueden ser espiritistas o universalistas, agnósticos o no tener religión. Pueden creer firmemente en que no existe Dios ni la esfera espiritual. Sin embargo, todos tienen su creencia. Cada una de esas cosmovisiones tiene sus propias preguntas y dudas sobre el cristianismo. Si aprendemos y conocemos la verdad del evangelio, podremos interactuar con personas de cualquier creencia sintiendo seguridad y amor.

Oren por este tiempo juntos, para que Dios los edifique para poder responder preguntas genuinas sobre su fe con claridad, compasión y convicción.

MIREMOS EL VIDEO

Usa esta página para tomar notas mientras miras el video de la quinta sesión.

Para acceder a las sesiones de enseñanza, sigue las instrucciones ubicadas al final del libro del estudio bíblico.

CONVERSEMOS

Utiliza esta página para guiar la conversación grupal.

1. **Si alguien te preguntara «¿quién es Jesús?», ¿qué dirías?**

Lee Juan 3:16-18.

2. **¿Con qué propósito envió Dios a Jesús al mundo?**
3. **¿Quiénes pueden ser salvos?**
4. **¿Cómo llegan a ser salvos?**
5. **¿Cuál es la diferencia entre la condenación y la salvación?**

No se puede presentar el evangelio sin explicar a Jesús y Su obra en la cruz. Gracias a Dios, en Juan 3:16-18 se trata gran parte del mensaje del evangelio. Sin Jesús, somos condenados, o juzgados, por nuestro pecado. El castigo por nuestro pecado es la muerte. Sin embargo, como Dios nos amó, envió a Jesús a morir en nuestro lugar como sacrificio. Si tenemos fe en que Jesús es quien afirma ser y en que es el único camino a la salvación, seremos salvos.

Jesús es el eje de toda conversación sobre la fe porque Él exige una decisión. Uno puede afirmar que cree en Dios y eso no es problema para nadie, porque la mayoría de las religiones no pone en duda que exista una fuerza superior. No obstante, apenas uno confiesa «creo que Jesús es Dios», uno se despega de las demás religiones. Quienes tienen otras creencias han decidido no creer en la Deidad de Jesús.

Profundicemos en esta verdad leyendo Colosenses 1:15-20 (estudiaremos el pasaje más a fondo en el estudio personal esta semana).

6. **¿Cómo describe Pablo a Jesús en este pasaje?**
7. **¿Por qué es importante que Jesús es Dios?**
8. **¿Cómo hizo Jesús, que creó todo, para reconciliar a la humanidad y a Dios?**

El problema no es que las demás religiones no crean que Jesús existió, sino que no crean que es Dios. Los israelitas hebreos creen que fue un hombre, y lo fue (Juan 1:14). Los musulmanes y hasta la mayoría de los judíos creen que fue un profeta, y lo fue (Juan 7:40; Hechos 3:22-23; Hebreos 1:1-2). Los mormones creen que fue el Hijo de Dios, y lo fue (Mateo 3:17). Los testigos de Jehová creen que es el camino, la verdad y la vida, y lo es (Juan 14:6).

No obstante, esas religiones creen que Jesús fue solo eso. Rechazan Su Deidad. Sin embargo, si Jesús es Dios, no nos dejó solo unas buenas enseñanzas que podemos aprovechar si así lo decidimos. Si Jesús es Dios, es el Señor, nuestra máxima autoridad, y le debemos adoración y lealtad. La Deidad y la humanidad de Jesús son parte esencial de lo que significa creer en Él.

9. **¿Cómo te cambió la vida que Jesús sea tu Señor?**

10. **¿Por qué necesitamos explicar este aspecto esencial del evangelio en las conversaciones de evangelización?**

11. **¿Qué otras verdades esenciales del evangelio crees que necesitas aprender mejor para sentirte preparado para evangelizar?**

La conversación de hoy es apenas un punto de partida. Al avanzar por fe, habrá otras creencias clave que deberás comprender, pero todo creyente en cualquier etapa del crecimiento espiritual puede presentar el evangelio. Si sabes lo suficiente como para arrepentirte y creer en Jesús, sabes lo suficiente como para hablarle a alguien de lo que Él ha hecho por ti.

Usen este tiempo para orar los unos por los otros a modo de cierre de la reunión.

PEDIDOS DE ORACIÓN

«Porque de tal manera amó Dios al mundo, que ha dado a su Hijo unigénito, para que todo aquel que en él cree, no se pierda, mas tenga vida eterna. Porque no envió Dios a su Hijo al mundo para condenar al mundo, sino para que el mundo sea salvo por él. El que en él cree, no es condenado; pero el que no cree, ya ha sido condenado, porque no ha creído en el nombre del unigénito Hijo de Dios».

JUAN 3:16-18

Semana 5 Conoce la verdad

ESTUDIO PERSONAL 1

Jesús es Dios

Entender lo que enseña la Biblia es importante al tratar con personas de diferentes cosmovisiones y creencias. Muchas otras creencias incorporan partes de la Biblia en sus enseñanzas; incluso pueden citar la Escritura y usarla para demostrar determinadas ideas. Esto siempre ha sido así: el diablo siempre sacó de contexto la Palabra de Dios y mezcló medias verdades (que son mentiras absolutas) y confusión con la verdad. Recuerda la historia de Preston de su interacción con John, el testigo de Jehová, sobre Filipenses 2:8-9. El argumento de John era que Jesús no es Dios por su aspecto humano y por su obediencia a Dios.

¿Cuándo has hallado medias verdades como estas en otras creencias?

Sin embargo, Pablo estaba haciendo énfasis en algo específico cuando escribió sobre Jesús de esa manera. El contexto es importante. En el comienzo de Filipenses 2, Pablo le encargó a la iglesia: «Nada hagáis por contienda o por vanagloria; antes bien con humildad, estimando cada uno a los demás como superiores a él mismo» y agregó: «Haya, pues, en vosotros este sentir que hubo también en Cristo Jesús» (Filipenses 2:3, 5).

La meta principal de Pablo al llevar a los filipenses a pensar en que Jesús se despojó a sí mismo «tomando forma de siervo» era destacar la gran humildad de Jesús, a fin de que lo imitaran. Quizás te estés preguntando por qué es un ejemplo de gran humildad que Jesús «no estimó el ser igual a Dios como cosa a que aferrarse». La respuesta es que Jesús es Dios. Jesús en ningún momento dejó a un lado Su Deidad. Asumió la humanidad con todas las limitaciones y se hizo como nosotros para poder ser un sacrificio propicio en la cruz (v. 8).

Regresemos a Colosenses 1:15-20. La ciudad de Colosas era relativamente pequeña pero albergaba una mezcla de culturas, trasfondos y religiones. Había diversidad de creencias, como en nuestra sociedad. En la iglesia, habían irrumpido falsos maestros que infiltraron en la teología algún tipo de herejía. Pablo conocía este contexto y mira cómo empezó la carta. Para que la iglesia regresara al evangelio, Pablo les enseñó sobre la identidad y la naturaleza de Jesús.

Lee Colosenses 1:15-20.

¿Qué verdades sobre Jesús explicó Pablo en estos versículos?

¿Por qué la naturaleza de Jesús es crucial para el evangelio?

¿Por qué Pablo destacó esas características de Jesús a una iglesia rodeada de varias creencias?

¿Cómo usarías estos versículos para explicar quién es Jesús?

Pablo les estaba recordando a sus destinatarios que Jesús existió siempre. Él es Dios y todo fue creado por medio de Él. Cuando afirmamos que Jesús es Dios, no nos referimos a que Jesús y Dios Padre sean la misma persona, sino que Jesús, el Padre y el Espíritu Santo comparten una esencia y, en ese sentido, son Uno. Los tres son Dios por igual y coexisten como tres Personas diferentes pero iguales. Compartir una esencia no es ser la misma Persona. El Padre no es el Hijo, el Hijo no es el Padre y el Padre no es el Espíritu Santo.

Es bastante para asimilar, ¿no? Por eso este tema surge en tantas conversaciones apologéticas. Es fácil confundirse. Si le preguntas a un testigo de Jehová o a un mormón quién es Jesús, te dirá que es el Hijo de Dios. En cierto sentido, tienen razón. Jesús es el Hijo de Dios, pero ellos rechazan que sea eterno. Es importante comprender que Dios no existe de la misma manera que los humanos. Por ende, nuestras comparaciones y analogías pueden no representar a la perfección quién es Dios.

Por ejemplo, algunos intentan explicar la Trinidad comparándola con el agua, que puede existir como líquido, sólido o vapor. No obstante, eso es incorrecto y una herejía involuntaria. Dios Padre, Jesús y el Espíritu Santo siempre fueron Dios. Todo intento de explicar la Trinidad de otra manera le robaría a Jesús Su Deidad.

Si Jesús no es Dios, Su muerte en la cruz fue en vano y no deberíamos seguirlo. Sin embargo, Jesús es Dios y eso cambia todo.

¿Qué cuestionamientos tiene para el cristianismo la gente de tu entorno?

¿Cómo responderías? Si no estás seguro, investiga un poco para hallar pasajes de la Escritura que lleven a la verdad. Anota a continuación sus preguntas o cuestionamientos y los pasajes bíblicos para responderles. Recuerda analizar el contexto de dichos pasajes, a fin de captar en su totalidad las verdades que vas a explicar.

ESTUDIO PERSONAL 2

Somos salvos por gracia

Otro aspecto esencial de nuestra fe es cómo llegamos a ser salvos. Cada religión tiene un camino que lleva a la salvación y casi todas las religiones del mundo enseñan que debemos esforzarnos por agradarle a Dios a fin de ganarnos la salvación. Los judíos creen que deben cumplir una larga lista de leyes y costumbres para agradarle a Dios. Los musulmanes creen que deben orar cinco veces al día, ayunar, dar limosna, jurar lealtad a Mahoma y peregrinar a La Meca. Los mormones creen que hacen falta obras para ser salvo. Los hindúes creen que deben purificarse. Por último, los budistas creen que deben renunciar a todo lo mundano y morir a sí mismos para alcanzar el nirvana.

El cristianismo es la única religión según la cual no podemos ganarnos la salvación. Es imposible. Por eso, Jesús vino a hacer lo que nosotros no podemos.

Lee Efesios 2:8-9.

¿Por qué es difícil hasta para los cristianos que creen en la Biblia aceptar que somos salvos por gracia por medio de la fe?

¿Qué te costaría hacer si tuvieras que ganarte la salvación?

¿Por qué la obra consumada de Jesús en la cruz (en lugar de tener que hacer méritos nosotros) brinda la seguridad de saber si uno es salvo o no?

Lee Romanos 10:9-10.

¿Cómo se salva la gente?

Lee Santiago 2:17.

Muchas veces, quienes creen que somos salvos por nuestras obras acuden a Santiago 2:17 para defender su postura. De nuevo, debemos analizar el contexto para determinar qué significa el versículo. A veces, el contexto necesario proviene de toda la Escritura y no de los versículos cercanos. Este versículo no enseña que las obras nos salvan, sino que la fe genuina se hace evidente en el fruto de las vidas.

Sal un momento de Santiago, y lee Romanos 4:4-8 y Lucas 7:36-50.

Estos pasajes (y muchos más) dejan en claro que es la fe lo que salva. Confiamos solo en Jesús para la salvación, a fin de que nadie pueda jactarse. Entonces, ¿cómo deberíamos interpretar lo de Santiago? La fe nos lleva a la obediencia, la cual es fruto de la salvación. A los ojos de Dios, nuestras obras no son lo que nos justifica; más bien, son evidencia de que hemos sido justificados. Nuestras obras no son el motivo por el que recibimos la gracia, sino que son un efecto de esa gracia que hemos recibido. Esto no significa que si no tenemos obras nuestra fe muere. Significa que, si en nuestra vida no existe la evidencia de las buenas obras, probablemente nunca hubo fe. Nuestras obras son el fruto visible de la fe interior.

¿Qué buenas obras está produciendo Dios en ti?

¿Cómo explicarías la diferencia entre la salvación por obras y el evangelio?

Lee Efesios 2:1-5.

Pablo lo expresó con claridad: estábamos muertos en nuestros pecados (v. 1). Los muertos no pueden hacer obras para salvarse. Sin embargo, como Dios nos ama, tuvo misericordia y nos dio vida en Cristo (vv. 4-5). No hay nada que pudiéramos hacer para merecer esta gracia; es el favor inmerecido que Dios nos muestra a través de la fe.

Aunque no estuviéramos muertos en nuestros pecados, nuestras obras nunca alcanzarían para merecer la salvación. El único castigo justo por nuestro pecado es la muerte. Nosotros no podemos pagar esa deuda. Jesús se sacrificó por nosotros para que, si creemos en Él, seamos rescatados. Él murió en nuestro lugar. Cuando creemos en Jesús, recibimos la salvación por la gracia de Dios.

Lee 1 Corintios 15:3-11.

¿Cómo distingue Pablo la gracia de las obras en estos versículos?

¿Por qué la gracia de Dios es una buena noticia?

ESTUDIO PERSONAL 3

Ejercicio de evangelización

Preston, en su entorno, suele cruzarse con israelitas hebreos, mormones, musulmanes y testigos de Jehová. A fin de tener conversaciones productivas, tuvo que conocer lo básico sobre sus creencias y su perspectiva general del cristianismo. Le llevó tiempo, muchas interacciones e investigación exhaustiva, pero pudo recopilar la información esencial y llegar preparado a las conversaciones. Tú debes hacer lo mismo. Comencemos.

¿Qué tres creencias (además del cristianismo) sueles encontrar con más frecuencia?

En relación con esas tres religiones o creencias, investiga lo siguiente: el camino a la salvación, y las similitudes, las diferencias y los conflictos con el cristianismo.

En un diario personal, toma nota de todo eso de forma resumida. Luego, busca pasajes bíblicos que puedas usar para dirigir a la gente a la verdad y recuerda analizar el contexto de los pasajes para comunicarla con claridad. Anota los pasajes debajo del resumen (consulta el ejemplo de la página siguiente).

La meta de este ejercicio es prepararte para defender la verdad, en especial ante perspectivas y argumentos específicos de las creencias de tu entorno. En la próxima sesión, veremos más sobre cómo presentar la verdad que nos salvó y nos cambió la vida.

EJEMPLO:

Religión: islam

Camino a la salvación: adorar solo a Dios a través de los cinco pilares del islam, mencionados a continuación.

- La profesión de fe en Alá (Dios)
- La oración
- La limosna (donaciones para caridad)
- El ayuno
- La peregrinación a La Meca

Los cristianos creemos que la salvación es solo por gracia por medio de la fe en Jesucristo.

Similitudes con el cristianismo

- «Confianza» en la Biblia (cuando no entra en conflicto con el Corán).
- Fe en el «Dios» de Abraham, aunque ver a Dios Padre como el único dios implica que Alá («Dios») no es el Dios verdadero.

Diferencias con el cristianismo

- Camino a la salvación
- Escrituras inspiradas diferentes (Corán vs. Biblia)
- Jesús fue solo un profeta
- Perdón original en lugar del pecado original

Conflictos con el cristianismo

- El Corán tiene prioridad sobre la Biblia
- Mahoma es superior a Jesús
- Salvación por obras
- Fe en el «mensaje» de Jesús, pero sin creer que es Dios
- Rechazo de la Trinidad

Versículos para tratar estos conflictos y diferencias: Juan 3:16-17 (con Juan 6:45; 14:6 y Lucas 10:16); Juan 5:23; Romanos 3:23; 1 Timoteo 2:5; 2 Timoteo 3:16-17; 1 Juan 2:23 y Apocalipsis 22:18-19.

Semana 6

Sé valiente

Estudio grupal

COMENCEMOS

Bienvenido a la sexta semana de Evangelismo cotidiano.

En la última sesión aprendimos sobre la importancia de conocer la verdad para presentar el evangelio con convicción. ¿Cuál fue la conclusión principal que te quedó del estudio personal de la semana?

¿Te sientes preparado para comenzar a evangelizar en la vida cotidiana?

Ahora que ya estás equipado con las herramientas para tener conversaciones productivas sobre el evangelio, es hora de salir a evangelizar. Espero que te sientas mucho más tranquilo con la idea de salir a presentar la verdad que te llevó de las tinieblas a la luz. Si aún sientes algún tipo de duda, está bien, pero es momento de cultivar la valentía. La gente, cuando piensa en la valentía, se imagina a un guerrero fuerte que agita una espada y está listo para arremeter contra el enemigo. Sin embargo, la valentía consiste simplemente en ser fiel al encargo de Dios.

Reconocer la manera especial en que Dios te creó para presentar el evangelio es esencial para la eficacia del evangelismo. Si intentas asumir la personalidad que crees que debe tener un evangelista, la gente detectará algo artificial. Por eso, analiza cómo te creó Dios, los dones que te ha dado y cómo Cristo puede utilizarlos a través de ti. Dios no espera que te conviertas en otra persona. Él espera que seas obediente amando a la gente y presentando a Jesús con ese estilo especial que te concedió. La valentía proviene de confiar en Su diseño y Su presencia dentro de ti.

Porque somos hechura suya, creados en Cristo Jesús para buenas obras, las cuales Dios preparó de antemano para que anduviésemos en ellas.
EFESIOS 2:10

Oren por este tiempo juntos, para que Dios utilice las vivencias de este estudio para darles valentía.

MIREMOS EL VIDEO

Usa esta página para tomar notas mientras miras el video de la sexta sesión.

Para acceder a las sesiones de enseñanza, sigue las instrucciones ubicadas al final del libro del estudio bíblico.

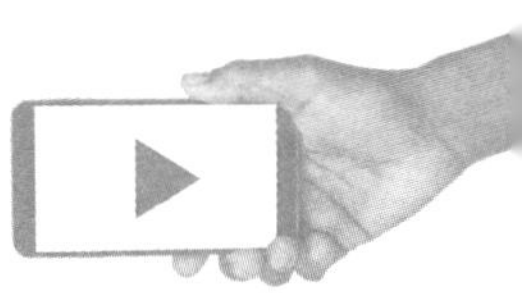

CONVERSEMOS

Utiliza esta página para guiar la conversación grupal.

1. **Preston señaló que «Dios usa a la gente así como la creó». ¿Cómo desafía esto tu idea de lo que es ser valiente?**

2. **¿Qué características y virtudes te ha dado Dios?**

3. **¿Por qué serían más productivas tus interacciones de evangelización si emplearas conscientemente esos dones para presentar el evangelio?**

Hayas sido creado para ser evangelista callejero o con un estilo de perfil más bajo, a fin de presentar el evangelio hace falta valentía, y la realidad es que cuesta ser valiente en la cultura actual donde la verdad se considera relativa y todos tienen permitido definir su propia existencia. No obstante, si no cultivamos la valentía y anunciamos con obediencia la verdad, nuestro entorno seguirá perdido en las tinieblas. El mundo necesita saber la verdad de que el Dios Creador es el único que define nuestra existencia y solo en Él podemos acceder de verdad a la vida.

Lee 1 Corintios 12:12-19.

4. **¿Por qué es liberador para las iniciativas de evangelización ver que la iglesia es un cuerpo con muchos miembros y dones?**

5. **¿Por qué los diferentes estilos de evangelización no son inherentemente unos «mejores» que otros?**

Dios no nos hizo a todos iguales. Cada uno tiene dones dados por Él para construir Su reino. Todos estamos llamados a presentar el evangelio, pero la manera en que lo hacemos difiere porque tenemos distintos dones. Dios puede haberte diseñado para conversar con extraños en la calle o para forjar relaciones y presentar el evangelio al profundizarlas. Más allá de cuál sea el caso, lo seguro es que Dios planea utilizarnos a todos, obrando por Su Espíritu a través de nosotros, para llevar el evangelio a nuestras comunidades y a todo el mundo.

6. ¿En qué situación sentiste culpa en relación con el evangelismo? ¿Cómo te ayudó esta sesión a ver eso con otra mirada?

7. «La valentía tiene más que ver con ser obedientes a Dios que con perder el miedo al prójimo». ¿Cómo te ayuda esa frase a mirar distinto la valentía?

8. En función de esa definición de la valentía, ¿cómo podrías crecer en ese aspecto en el próximo año?

En nuestros primeros pasos como evangelistas, podemos tender a asumir cargas que el Señor no quería para nosotros. Pensamos que debemos evangelizar de determinada manera, pero eso sencillamente no es así. Una meta de este estudio bíblico es ayudarte a ver que todos podemos ser evangelistas aprovechando la manera especial en que Dios nos creó. Dios te ha dado dones para presentar el evangelio de una forma específica. Ya la descubrirás al salir con valentía a evangelizar.

9. ¿Cuál es la conclusión principal que te llevas tras estas seis sesiones?

10. ¿Dónde te está guiando Dios a ser valiente? Anúncialo al grupo y cierren la reunión orando los unos por los otros y por el llamado de cada uno.

Usen este tiempo para orar los unos por los otros a modo de cierre de la reunión.

PEDIDOS DE ORACIÓN

ALLSTAR
GAME

«Porque así como el cuerpo es uno, y tiene muchos miembros, pero todos los miembros del cuerpo, siendo muchos, son un solo cuerpo, así también Cristo».

1 CORINTIOS 12:12

Semana 6 Sé valiente

ESTUDIO PERSONAL 1

Más allá del resultado

La valentía tiene más que ver con ser obedientes a Dios que con perder el miedo al prójimo, pero a veces la valentía y la obediencia hallarán rechazo. En esas ocasiones, debemos confiar en Dios y disfrutar de ser obedientes a Su llamado. No podemos saber cómo recibirá el prójimo esos pasos valientes, pero si ya conociéramos el resultado no serían pasos valientes. En toda la Escritura, vemos situaciones en que personas comunes llenas del Espíritu Santo defendieron su fe y así transformaron vidas. En otros casos, fueron rechazados por su fe en Jesús.

Jesús nos explica en Juan 15 que la persecución es inevitable. En los versículos 18-19, señala: «Si el mundo os aborrece, sabed que a mí me ha aborrecido antes que a vosotros. Si fuerais del mundo, el mundo amaría lo suyo; pero porque no sois del mundo, antes yo os elegí del mundo, por eso el mundo os aborrece». Jesús, en esencia, está afirmando lo siguiente: «Si viven para mí y le presentan la verdad al mundo, el mundo no estará contento. Como ustedes me conocen y me siguen, viven de manera distinta al mundo, y si son diferentes ellos los odiarán». Sin embargo, Jesús también nos alienta con la realidad de que a Él también lo odiaron. Si el mundo te trata como trató al Hijo de Dios, está claro que vas bastante bien.

¿Por qué esas palabras de Jesús te son de aliento para presentar el evangelio?

¿El temor te ha impedido ser valiente alguna vez? ¿Qué aprendiste de esa experiencia?

¿Cuándo fue la última vez que obedeciste al Señor con valentía? ¿Cuál fue el resultado?

¿Por qué siempre debemos evaluar nuestra valentía en función de nuestra obediencia y no de nuestras sensaciones o de la respuesta externa de la gente?

Jesús nos advirtió que el mundo nos odiaría, pero hay una manera de seguir siendo valientes cuando el mundo nos rechace. Debemos recordar que nunca estamos solos en nuestras iniciativas de evangelización. Dios siempre nos acompaña, dispuesto a equiparnos para que perseveremos. Solo debemos seguir conectados a la Fuente de nuestro poder.

Lee el comienzo de Juan 15.

No es casualidad que Jesús haya usado la analogía de la vid y los pámpanos justo antes de predecir la persecución. Les recordó a los discípulos que, mientras estuvieran conectados a Él, sus iniciativas de amar, servir y presentar el evangelio serían poderosas y productivas. La valentía brota de nuestra conexión con Él.

> *Si permanecéis en mí, y mis palabras permanecen en vosotros, pedid todo lo que queréis, y os será hecho. En esto es glorificado mi Padre, en que llevéis mucho fruto, y seáis así mis discípulos.*
> **JUAN 15:7-8**

Jesús advirtió: «Separados de mí nada podéis hacer» (v. 5). Nuestra valentía solo marca la diferencia cuando estamos conectados con Jesús. Para perseverar y crecer como pámpanos, debemos estar conectados a la vid mediante la lectura de la Palabra, la oración y la obediencia diaria al Espíritu Santo. Parte de ser obedientes a Dios es dedicar tiempo cada día a nutrir esa conexión con la vid para saber qué quiere Dios que hagamos. A través del Espíritu y de la Palabra, comprendemos dónde nos guía, y ganamos sensibilidad y receptividad a Su llamado para nuestra vida.

¿Cómo describirías tu conexión actual con Dios? ¿Ves una relación entre esa conexión y tu nivel actual de valentía?

¿De qué maneras puedes conectarte con Dios de manera más sostenida?

Jesús promete sostenernos y equiparnos para dar fruto si permanecemos en Él. En Mateo 5, da más aliento a los cristianos que sufren persecución por el evangelio. No solo nos sostendrá y será glorificado cuando presentemos la verdad, sino que también nosotros seremos bendecidos, incluso cuando el mundo nos odie.

> *Bienaventurados los que padecen persecución por causa de la justicia, porque de ellos es el reino de los cielos. Bienaventurados sois cuando por mi causa os vituperen y os persigan, y digan toda clase de mal contra vosotros, mintiendo. Gozaos y alegraos, porque vuestro galardón es grande en los cielos; porque así persiguieron a los profetas que fueron antes de vosotros.*
> **MATEO 5:10-12**

A lo largo de todo este estudio bíblico, hemos hablado de que la apologética nunca debe estar motivada por el deseo de parecer importantes o de impresionar. Nada de lo que hacemos en el ámbito del evangelismo tiene que ver con eso; este llamado es puramente a llevar personas a una relación salvífica con Jesús por toda la eternidad. Si nuestro andar es uno de evangelización, viviremos con la mirada en el paraíso. No nos importa recibir bendiciones o recompensas aquí. Las bendiciones de vivir con valentía para Jesús son eternas.

ESTUDIO PERSONAL 2

Con los recursos que Dios te dio

Quizás no pienses con frecuencia en José de Arimatea. No obstante, su papel en la historia de Jesús quedó registrado en los cuatro Evangelios, lo cual indica que fue importante. Cada Evangelio aporta información diferente:

- Mateo señala que José era rico (Mateo 27:57).
- Marcos indica que era miembro importante del concilio (Marcos 15:43).
- Lucas menciona que era un «varón bueno y justo» que «no había consentido en el acuerdo ni en los hechos [del concilio]» y que «esperaba el reino de Dios» (Lucas 23:50-51).
- Juan destaca que, hasta la crucifixión, había mantenido en secreto su lealtad a Jesús por miedo a las represalias del concilio (Juan 19:38).

En el pasado, ¿qué te ha hecho mantener acallada tu fe?

El temor de José a la respuesta del concilio ante su devoción por Jesús no era infundado: acabaron matando a Jesús. Sin embargo, en el momento crucial tras la muerte de Jesús, vemos a José sobreponerse al miedo, abandonar las sombras y salir a la luz de la verdad. Con valentía, acudió a Pilato y le pidió permiso para enterrar a Jesús en un sepulcro nuevo que había labrado en la peña. Enterrar a Jesús quizás no parezca algo demasiado valiente, pero envió a todos los judíos el mensaje sumamente claro de que José estaba del lado de Jesús.

El momento más peligroso para seguir a Jesús no fue cuando estaba vivo, sino tras la crucifixión, luego de que fuera condenado por criminal, blasfemo y falso profeta. Cuando Jesús entregó Su espíritu y el cielo se oscureció, fueron horas aterradoras para Sus seguidores, por eso los discípulos se ocultaron después de la crucifixión.

Piensa un momento en eso. Todos los discípulos, los mejores amigos de Jesús que lo habían seguido en público por tres años, huyeron y se ocultaron. Con la excepción de Juan, ni siquiera aparecieron para la crucifixión. Sin embargo, después de la muerte de Jesús, un seguidor secreto llamado José de Arimatea no pudo guardarse más el secreto. Cuando los romanos ejecutaban a alguien en una cruz, el cuerpo solía dejarse allí hasta que se pudriera, a modo de advertencia a potenciales rebeldes, pero José creía que Jesús era el Hijo de Dios. No estuvo dispuesto a dejar que trataran el cuerpo de su Señor con tan poco respeto. Entonces, actuó con rapidez para asegurarse de que el cuerpo fuera enterrado antes del comienzo del día de reposo. De todos los seguidores de Jesús, José fue el que más valentía demostró tras Su muerte. Literalmente, puso en juego su vida para asegurarse de que Jesús recibiera un entierro judío digno.

En el momento de la resurrección, ¿cómo fue la fe de José en comparación con la de los discípulos? ¿Cómo actuaron todos?

¿De qué maneras los cristianos tienden a ocultarse en lugar de ser valientes?

Es verdad que, durante la vida de Jesús, José mantuvo acallada y oculta su condición de discípulo. No obstante, Dios le dio la valentía para defender su fe cuando más le podría haber costado. Como miembro del concilio, al ponerse del lado de Jesús, puso en peligro su fortuna, su estatus social, su cargo y su prestigio. Ese acto de valentía en horas inciertas puso en peligro su vida misma; estuvo dispuesto a poner todo en juego por su Salvador.

¿De qué maneras la valentía puede ser peligrosa para los cristianos en la cultura actual? ¿Qué temas son los más peligrosos actualmente?

La historia de José debería ser de aliento para quienes piensan que no son valientes. Allí vemos que la valentía no es una característica de la personalidad, sino la voluntad de actuar cuando Dios te llama. José no proclamó su fe en Jesús como un evangelista callejero; hizo su camino y usó los recursos que Dios le había dado para honrar a Jesús cuando tuvo la oportunidad. De este modo, dio un testimonio indiscutible de su fe.

¿Cómo podrías usar del modo que Dios quiere los dones y los recursos que Él te dio?

¿Cómo podrías hacer eso con valentía?

Si vamos a ser evangelistas fieles en un mundo que condenó a Jesús, debemos saber que vendrán por nosotros también. Cuando vengan, podemos estar seguros de que, como escribió Pablo en Romanos 8, «ni la muerte, ni la vida, ni ángeles, ni principados, ni potestades, ni lo presente, ni lo por venir, ni lo alto, ni lo profundo, ni ninguna otra cosa creada nos podrá separar del amor de Dios, que es en Cristo Jesús Señor nuestro» (vv. 38-39). Dios siempre estará contigo y te dará todo lo que necesitas para ser valiente y perseverar en el evangelio. Sigue conectado con Jesús. Deja que Su amor por la gente llene tu corazón y sea tu motivación. Conoce la verdad y anúnciala donde vayas. Preséntale a Jesús al mundo y gana corazones para Su gloria.

ESTUDIO PERSONAL 3

Ejercicio de evangelización

Para cerrar este estudio bíblico, reflexiona brevemente sobre las principales enseñanzas, a fin de implementarlas al salir a evangelizar.

Piensa en todos los ejercicios de evangelización de las sesiones anteriores. ¿Qué querrías recordar de esas experiencias al presentar el evangelio en el futuro?

¿Qué es lo más importante que deseas comunicar al evangelizar? ¿Cómo planeas comunicar eso?

¿Cómo planeas ayudar al prójimo a comprender que lo amas y que te importa al presentarle el evangelio?

¿Cuál es la resistencia más probable que hallarás en las conversaciones de evangelización en tu comunidad? ¿Cómo planeas afrontar esa resistencia?

¿Cómo permanecerás conectado con Jesús de aquí en adelante? ¿Cómo planeas preparar tu corazón y tu espíritu para las conversaciones de evangelización cotidianas?

Fíjate en que las últimas cuatro preguntas hablan de planear. Te has esforzado en gran medida a lo largo del estudio bíblico a fin de prepararte para presentar el evangelio y ahora estás listo. Tienes un plan. ¡Es hora de salir a ejecutarlo! Comienza orando ahora, pidiéndole a Dios que prepare los corazones para recibirlo. Pídele que te quite toda impaciencia, todo egocentrismo y todo temor que pudiera entorpecer la presentación valiente del evangelio.

Ve con un corazón rebosante de amor a anunciar la verdad.

NOTAS

NOTAS

OBRAS DISPONIBLES
de
SCOTT JAMES

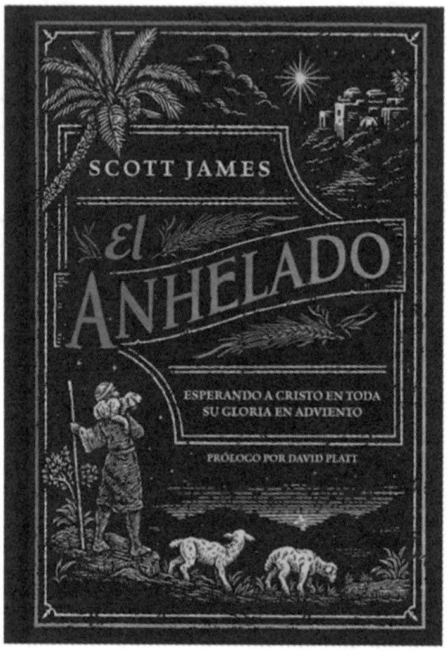

El Anhelado

En esta versión actualizada y revisada de *El Anhelado*, Scott James ayuda a las familias de todo el mundo a disfrutar de 25 devocionales breves y dulces durante el Adviento, volviendo a poner a Cristo en el centro de la temporada navideña. Utilízalo junto con *El Resucitado* para caminar desde el Adviento hasta la Pascua, centrando acertadamente tu corazón en Aquel a quien anticipamos y adoramos.

El sembrador

Desde la creación hasta la restauración final, la Escritura representa una pintura vívida de Dios como un labrador sembrando semillas, plantando jardines y trayendo vida a través del poder de Su palabra. El sembrador presenta estas imágenes bíblicas a los lectores jóvenes para ayudarlos a entender la redención histórica y a estar deseosos de una reconciliación futura. Las ilustraciones vivas complementan el estilo lírico de este libro para captar la imaginación de los niños y mostrar la obra de Dios en la creación y en los corazones de Su pueblo.

¿Todos podemos ser evangelistas?

La mayoría de los cristianos sabemos que estamos llamados a presentar el evangelio, pero muchos dudamos por varios motivos. Nos preocupa cómo será recibido el mensaje. Tenemos miedo al rechazo. Nos da miedo no tener respuestas para las preguntas. Quizás ni siquiera sabemos cómo iniciar la conversación. Sin embargo, la verdad es que le damos demasiadas vueltas. Si amas a Jesús y anhelas que la gente lo conozca, tienes lo necesario para evangelizar.

El evangelismo no depende de tener un proceso sistemático para presentar el evangelio. No se trata de poder responder todas las preguntas sobre la Biblia. La clave es el amor: amar a Dios y a la gente. Si te importa la gente, la vas a buscar, y la tratas de manera digna y respetuosa, tendrás una puerta abierta para presentar la verdad de un modo que puede cambiar vidas para siempre.

En este estudio bíblico vas a:

- Conocer los principios elementales del evangelismo eficaz.
- Desarrollar un deseo de ganar corazones y no discusiones.
- Ganar seguridad para explicar los aspectos esenciales del evangelio.
- Hallar la valentía que necesitas para cumplir con el llamado al evangelismo.

¿HARÁS EL ESTUDIO POR TU CUENTA?

A fin de enriquecer la experiencia, recuerda acceder a los videos mediante el código impreso en este libro de estudio bíblico.

¿VAS A LIDERAR UN GRUPO?

Cada integrante del grupo necesitará el libro del estudio bíblico Evangelismo cotidiano, que incluye acceso a videos. Dado que todos los participantes tendrán acceso al contenido en video, puedes optar por que los videos no se miren durante la reunión, si así lo deseas. Además, si los van a mirar juntos y alguien falta a la reunión, la persona ausente tendrá la posibilidad de mirarlo por su cuenta y no atrasarse.

RECURSOS ADICIONALES

Descubre ejemplos de sesiones, videos y materiales promocionales para iglesias en lifeway.com/evangelismocotidiano.